东北振兴与东北亚区域合作

Revitalization of Northeast China and Regional Cooperation in Northeast Asia

总第十辑（2022 年第 2 期）

林木西　主编

中国财经出版传媒集团

经济科学出版社

Economic Science Press

图书在版编目（CIP）数据

东北振兴与东北亚区域合作. 总第十辑：2022 年.
第 2 期/林木西主编. -- 北京：经济科学出版社，
2023. 2

ISBN 978 - 7 - 5218 - 4561 - 7

Ⅰ. ①东…　Ⅱ. ①林…　Ⅲ. ①区域经济发展 - 研究 -
东北地区②东北亚经济圈 - 区域经济合作 - 研究　Ⅳ.
①F127. 3②F114. 46

中国国家版本馆 CIP 数据核字（2023）第 032595 号

责任编辑：宋　涛
责任校对：隗立娜　王肖楠
责任印制：范　艳

东北振兴与东北亚区域合作

总第十辑（2022 年第 2 期）

林木西　主编

经济科学出版社出版、发行　新华书店经销
社址：北京市海淀区阜成路甲 28 号　邮编：100142
总编部电话：010 - 88191217　发行部电话：010 - 88191522
网址：www. esp. com. cn
电子邮箱：esp@ esp. com. cn
天猫网店：经济科学出版社旗舰店
网址：http：//jjkxcbs. tmall. com
北京季蜂印刷有限公司印装
787×1092　16 开　8.75 印张　180000 字
2023 年 3 月第 1 版　2023 年 3 月第 1 次印刷
ISBN 978 - 7 - 5218 - 4561 - 7　定价：43.00 元
（图书出现印装问题，本社负责调换。电话：010 - 88191510）
（版权所有　侵权必究　打击盗版　举报热线：010 - 88191661
QQ：2242791300　营销中心电话：010 - 88191537
电子邮箱：dbts@ esp. com. cn）

前言

PREFACE

经过辽宁大学东北振兴研究中心、辽宁省东北地区面向东北亚区域开放协同创新中心的认真准备和相关研究人员、编辑的共同努力，致力于东北及东北亚经济研究的这本专业学术文集正式出版，这是我们在推动东北及东北亚经济研究方面的又一项重要努力，也为相关研究人员、专家学者进行学术交流、展示学术成果、扩大学术影响提供了又一重要媒介平台。

2017 年，辽宁大学应用经济学科入选教育部建设世界一流学科序列，是东北地区唯一一家入选的经济学科；同年，辽宁大学东北振兴研究中心入选中国智库索引（CTTI）来源智库。"东北地区面向东北亚区域开放协同创新中心"于 2014 年获批为辽宁省协同创新中心。上述单位多年来致力于东北及东北亚经济、区域经济方面的研究，先后获批相关领域国家级重大、重点项目十多项，产生了一批标志性成果，为推动区域经济发展发挥了重要作用。

当前，中国特色社会主义进入新时代，东北经济发展、东北亚区域合作出现许多新情况与新问题，面临许多新挑战与新机遇，也给学术界提供了许多亟待研究的新课题。目前，国内外对于东北经济问题非常关注，学术界也已经形成东北振兴战略实施以来的第二波研究高峰。辽宁大学应用经济学科在学科建设规划中，继续将东北振兴与东北亚区域合作作为教学科研主攻领域，希望与学界同仁共同努力，推动相关研究进一步深入，为东北振兴与区域发展贡献力量。

《东北振兴与东北亚区域合作》集聚了具有较高质量的东北振兴、东北亚区域合作及相关领域的研究论文、综述、调查报告。主要涵盖了"东北经济""东北亚区域合作""一带一路""区域经济""产业经济""宏观经济""理论热点""书评"等方面的内容。特别欢迎有关东北体制机制、经济结构、东北经济史、非正式制度与正式制度分析、东北亚政治经济最新发展等方面的原创性论文及文章。

　　求道无篱，经世致用，《东北振兴与东北亚区域合作》坚持理论联系实际，鼓励学术创新争鸣，努力营造自由、平等、宽松、严谨的学术研究环境氛围。学术乃天下之公器，文章为经国之大业。我们感谢学界同仁对文集的支持与帮助，愿与大家一起，齐心合力，为推动东北经济研究进一步深入而努力奋斗。

林木西

2018 年 6 月

目录
CONTENTS

区域协调发展战略与东北振兴优势分析

黄泰岩[*]

摘　要：党的二十大强调，促进区域协调发展，就要构建优势互补，高质量发展的区域经济布局和国土空间体系，而谋求东北振兴的新突破也应围绕国家区域协调发展战略的构建展开。在此过程中明确东北自身区域优势是融入区域协调的整体布局战略、在国内大循环中谋求自身定位、实现高质量发展的关键。根据东北的经济发展情况和资源禀赋条件，可将东北地区的优势总结为区位优势、资源优势、生态优势、文化优势和产业优势；并围绕区域优势互补，结合东北地区相关案例就沿边经济发展、资源型城市转型、生态产业链市场前景、文化产品输出和现有优势产业升级路径提出了相关建议。

关键词：区域协调发展　东北振兴　产业升级

　　党的二十大报告明确指出，促进区域协调发展，就要构建优势互补、高质量发展的区域经济布局和国土空间体系，给东北振兴取得新突破奠定一个重要的理论基础。谋求东北振兴，就得促进区域发展，而根本问题在于怎样去构建优势互补的区域经济布局，并通过优势互补去实现高质量的区域发展。当前国家正在进行区域经济布局和国土空间体系的构建，要求各个区域发挥自己的优势来共同促进整体空间布局的协调发展。从国家宏观视角而言，这个空间布局已经初见雏形了。从东北的优势角度而言，更要去充分客观评价和认识东北的优势，并将其优势融入区域协调的整体布局战略中。

---

　　* 作者简介：黄泰岩（1957～），男，山东招远人，中央民族大学经济学院教授，博士，博士生导师，研究方向：经济体制改革、经济理论及经济思想史、企业经济。

一、东北的区位优势与沿边开放发展

东北地区具有明显的区位优势。构建更高水平的开放型经济体制,需要逐渐实现从沿海开放向沿边开放的扩展。东北的辽宁、吉林、黑龙江均有较长的边境线,具有相当大的经济潜力。在此情况下,沿边开放对东北振兴将会产生怎样的影响?从这一问题出发,沿海开放构建了三大经济圈。东部发达地区的经济发展是通过结合沿边开放形成区域增长极,之后通过增长极形成区域中心,进而搭建城市群、产业群,最终形成强大的经济辐射带动东北地区和西部地区的发展。东北也具有类似的区位优势,因此,实现沿边开放对于东北振兴是十分重要的。

东北地区在进行沿边开放过程中打造区域中心城市是发挥区位优势的关键。应当聚焦于东北的沈阳、大连、长春、哈尔滨四大中心城市如何构建沿边开放的中心点,并探究如何通过它们的辐射带动作用形成区域协同发展。四大中心城市如何形成优势产业和产业集群以实现中心城市建设,并在全国的中心城市建设中实现区域协调,是下一步东北振兴面临的主要问题。

当前沿边地区或中西部地区的省份在跨越式发展的实现路径,首要选择就是做大做强省会城市。应当将大连,以及三省的省会城市沈阳、长春、哈尔滨做大做强成为中心城市,进而通过形成产业群和分工体系、带动城市群的发展,这也是当前东北地区利用区位优势发展沿边经济的核心。从人口数据的角度来看,2020 年和 2021 年,除了沈阳、大连两个城市人口呈正增长之外,其他城市的人口数量均呈下降趋势。由此可见,东北地区中心城市的引领、辐射、带动作用依旧不足。所以,做大做强区域中心城市,形成重要的区域增长极,是发挥我们沿边开放区位优势的一个重要支点。

二、东北的资源优势与资源型城市转型

东北地区具有丰富的资源优势。资源优势不仅包括传统的矿产资源和能源优势,还包括新能源优势。新能源建设是国家未来基础设施建设的重点。所以,东北如何借助这样的资源优势,实现资源优势到产业优势的转化是当下的重要问题。

西部地区曾有利用资源优势实现经济增长的城市案例。比如,昆明利用其新能源资源的优势,将新能源产业发展成第一大工业产业,实现了高质量发展。贵阳利用地理优势和气候优势发展了云计算、大数据,通过云计算、大数据形成产业群,带动整个基础设施建设、旅游建设,拉动了贵州的经济发展。因此,东北怎样去利用资源优势发展经济是实现东北振兴的关键问题。如何在利用传统资源的同时开发、形成并利用新的能源资源、资源优势，是东北资源型城市向高质量转型的关键点。

三、东北的生态优势和生态产业链前景

东北地区具有生态优势。东北具有丰富的水资源、森林资源、草地资源。如何把这些生态资源优势向前推进形成产业，实现生态产业化、产业生态化，进而带动经济增长则是又一关键问题。从产业生态化的角度出发，东北老工业基地存在着产业生态化的过程。从生态产业化的角度出发，我们真正把生态优势转化为生态产业优势，是进一步发挥东北生态优势的重点。

按照商务部的调查，全国 2021 年对有机食品的需求大幅增长 124%，年轻人对有机食品的需求增幅更大。从进口食品的数据分析，70% 的消费者购买进口食品，最关键的影响因素是食品安全。也就是说，伴随着中国大众的消费升级，食品安全、有机食品已经形成了巨大的市场需求。与此同时，东北具有很好的天然优势。在经济发达地区，自然环境污染相对较为严重。由于东北地广人稀，土地、水等自然资源得到了很好的保护，能够借助天然的生态资源，生产出真正天然健康、绿色的生态食品，并从食品生产带动上下游的养殖、运输、营销等行业，最终实现一二三产业的联动，通过产业链、产业群形成东北新的重要支柱产业。当下国家对东北的国土规划，其中之一即为粮食生产基地和农产品生产基地。因此，可以通过发挥生态优势构建绿色生态食品产业去契合国家的区域国土规划，进而满足人民对食品安全的需要。

部分学者认为，有机食品和生态食品行业存在着体量较小的问题。当前中国人的消费已经出现明显的消费升级，具体表现为消费的个性化、小众化、创意化。因此，不应沿着传统工业经济的老路，走大规模的商品生产来获取规模经济。现在很多企业开始通过数字化转型，来实现对消费的个性化、小众化、创意化的需求。根据现在已有的数据，目前来看对小众商品、小众品牌拥有巨大的潜在需求，因此可以通过一二产业的联动，发挥东北的资源优势打造小众化的生态食品，瞄准某个消费市场的某个群体，进行有针对性的营销生产设计，促进东北生态产业的发展。因此将生态资源转化为具有强大竞争力的产业也是一个重要的概念。

四、东北的文化优势与优质文化产品产出

东北地区具有文化优势。《中共中央关于党的百年奋斗重大成就和历史经验的决议》强调，"推动中华优秀传统文化实现创造性转化、创新性发展。"优秀传统文化

与当前的社会主义核心价值观应实现高度契合，并以此来增强我们的软实力，构建我们的文化基础、培植我们的文化自信。

在增强文化基础和文化自信的过程中，怎样利用文化优势搭建东北的文化产业则是另一个重要问题。从私人和企业的角度而言，目前流行的东北二人转演出，利用其在全国的影响力和演出收益，实现团队建设并进而向电影业扩展；短视频平台也涌现出诸多东北网红，流行化的同时却普遍具有低俗化的倾向，难以形成真正正向的文化产业收益。从政府的角度来讲，应当着力研究如何使政府和民间形成合力，将东北文化打造成符合社会主义核心价值观要求的正能量文化，并进一步拓展成为文化产业。我国文化产业占比近几年最高也只有 4.5%，远低于国际主要发达国家，欧洲国家一般达到 10%～15%，日本为 20%，美国则为 25%。面临这种落后态势，东北地区通过发扬其文化优势，继而将文化优势转化为文化产业优势，以此真正满足人民对优质文化产品的需求，这对于东北地区融入国家区域协调发展战略具有重大意义。

五、东北的产业优势与升级路径选择

东北地区具有产业优势。在全国正在构建统一大市场的背景之下，建设全国统一大市场应当实现专业化分工协作带来的高效率，这就需要集中资源大力发展优势产业，而不应盲目追求各个区域内三大产业结构的合理化。同时当下的居民消费已经开始实现高质量转化，因此，只有集中资源发展优势产业才能够抢占当下的国内外市场。当前国内和国际的调查报告显示，中国 70% 左右的消费者已经开始追求品质和品牌，并且在商品的购买上日趋理性。消费者消费偏好的改变决定了我们应当大力发展优势产业，而不是发展劣势产业。此外，党的二十大报告在产业体系方面强调建设实体经济和现代金融、科技、人才的现代产业体系。构建现代产业体系，就需要在发展实体经济的过程中让金融、科技、人才为实体经济服务。在产业体系的定义变化之下，按照三大产业的原则部署产业规划无疑会错失发展新兴产业的机会。

由此可见，必须要大力发展实体经济，具体而言，东北的特殊地位决定了实体经济如何发展。第一，要找好东北地区发展的立足点。所谓立足点就是区域比较优势和自身产业优势。第二，找到东北地区发展的切入点。将自身产业优势切入全国构建的新发展格局里面，切入全国的统一大市场里面。迎合消费者的需求，利用全国市场来发展自己。第三，找到东北经济的发力点。地区经济的发力点就是当前地区的优势产业。所以从立足点、切入点、发力点出发，以此明确东北发挥产业优势过程中的产业选择。

相比于寻找东北经济的立足点和切入点，在产业长板和地区经济发力点上的选择更为重要。以东北地区汽车产业为例，沈阳的宝马汽车曾错失了许多发展机会。现如今德国总理访华为东北汽车产业与德国开展深度合作提供契机，东北汽车产业如何利用此契机以增强传统汽车产业优势至关重要。目前中国汽车市场已经达到 2500 万辆销量，面对市场饱和现状，各汽车品牌纷纷推进品牌升级。故近几年汽车产业虽处于下降态势，但像宝马、奔驰等高端品牌的销量仍在以 20% 的速度增长，这是借助消费升级带动产业优势升级的绝佳机会。

伴随着当前信息化、数字化趋势，产业优势也可以通过新领域和新赛道的开发得到加强。当前的数字经济转型使得传统产业优势在新的领域、新的赛道上能够形成新的竞争优势。当前国内各区域数字经济发展情况基本处于均等位置，但国际发展情况存在明显差异，2022 年中美的数字经济产值差距已达到 1 倍以上，从未来角度讲，我国在数字经济方面的独角兽企业增量远远少于美国。所以在中美经济激烈竞争的情况下，东北地区如何在新赛道上选择产业、发挥优势产业以响应国家规划，无论对国家整体竞争还是对东北经济发展都具有重要意义。

此外，东北产业优势的发挥可以借助军工产业的民用化的角度来实现。当前国际格局风云变幻，特别是受俄乌冲突给中国带来的地缘政治影响，使得军工产业的发展愈发重要。因此，当前国际局势给军工产业的发展带来一定的机遇。这些优势的军工企业如何真正通过军民联合来带动地方形成产业群、产业链，这也是东北发挥产业优势的可能方向。通过军工产业来带动地方产业的发展，也是东北发挥产业优势，进而实现高质量发展的路径之一。

以上将东北当前的主要优势总结为区位、资源、生态、文化、产业五个方面。并在此基础上对如何发挥东北五个方面的优势，使这些优势在国家整体区域规划中真正转化为产业优势、竞争优势提出自身看法，以此通过竞争优势拉动东北经济发展，实现东北的振兴。

Analysis of Regional Coordinated Development Strategy and Advantages of Northeast Revitalization

Abstract：The Twentieth National Congress of the Communist Party of China （CPC） emphasized that to promote regional coordinated development，we should build a regional economic layout and territorial space system with complementary advantages and high-quality development, and the new breakthrough in the revitalization of Northeast China should also be carried out around the construction of the national regional coordinated development strategy. In this process, clarifying the regional advantages of Northeast China is the key to integrate into the overall layout strategy of regional coordination, seek its own positioning in the domestic circulation and achieve high-quality development. According to the economic development and resource endowment conditions of Northeast China, the advantages of Northeast China can be summarized as regional advantages, resource advantages, ecological advantages, cultural advantages and industrial advantages; It also puts forward relevant suggestions on the economic development along the border, the transformation of resource-based cities, the market prospect of ecological industrial chain, the export of cultural products and the upgrading path of existing advantageous industries, centering on the complementarity of regional advantages and combining with relevant cases in the Northeast.

Keywords: Regional coordinated development　Northeast revitalization　Industrial upgrading

中国式现代化视角下东北振兴的
新变化、新方向和新突破

宋冬林[*]

摘　要： 东北振兴的新突破不仅仅只是经济总量上的突破，更是发展内涵上的突破，而中国式现代化的视角在理论探索和实践路径上为东北振兴新突破提供了新思路。本文利用长周期视角分析东北地区人口流动、区域战略和产业发展的演化历程，通过总结东北区域地缘政治、气候条件和交通条件的新变化解释东北振兴新突破的影响因素。在此基础上，结合实际案例就新旧动能转化、产业韧性、资本规范和国家安全支撑等领域分析中国式现代化视角下东北振兴新突破的可能方向，最终在体制机制、开放经济和传统产业三方面提出实现新突破的政策建议和实践启示。

关键词： 中国式现代化　东北振兴新突破　新旧动能转换

党的二十大报告中指出，要推动东北全面振兴取得新突破。当下东北的全面振兴，应当与中国式现代化紧密结合。中国式现代化道路，它既讲现在和未来，也讲过去。中国现代化的过去，东北扮演着非常重要的角色。中国现代化的现在和未来，在面临国际形势挑战的现实情况下，东北有它特殊的使命。

东北振兴应从两个方面取得新突破：一方面是按照原有的进度，东北地区应就既定经济发展目标进一步在量上取得更大的进步；另一方面，东北地区应当有全新的探索。党的十九大报告提出，共同富裕要实现新的进展，就涉及实现共同富裕的一些新的探索。由此可见，东北的全面振兴也应该有新的突破，在以下几个方面进行全新的探索。

---

* 作者简介：宋冬林（1957～），男，辽宁庄河人，吉林大学中国国有经济研究中心主任、教授、博士生导师，研究方向：经济体制改革；宏观经济管理与可持续发展；经济理论及经济思想史。

一、东北区域演化的长周期视角

如果把东北的经济社会发展置于康德拉季耶夫周期，或者置于熊彼特长周期里，可以发现几种现象，即东北的经济社会发展和地缘政治变化有着极其密切的关联。地缘政治变化会直接影响这个地区的经济社会发展和产业布局，甚至人口的流动。

东北地区在近10年以来人口流失比较严重，流失最多的是黑龙江，第二是吉林，第三是辽宁，从而导致劳动力和人才大量流失。人口流失问题实际上并非现在才有，在20世纪70年代与苏联交恶的时候，东北的人口已经出现显著性的外溢，当然也有大小三线的建设等方面的因素。所以我觉得把东北的经济社会发展放入一个长周期之中，可以看到东北的发展、产业的变化、人口的迁徙，与东北周边的地缘政治有着极其密切的联系。

国家内部的区域战略调整，对于东北产业的变化也产生了巨大的影响。在2000年初的时候，东北被定为增长极，现在东北被定位为重大支撑带。研究数据显示，整个东北的经济发展已经不能构成重大增长极。不可否认的是，东北的经济变化和我们的体制僵化等因素有密切的关联。这些体制机制上的问题，不仅存在于东北，也存在于其他地区。因此绝不能将东北的经济变化单一地归因于东北体制机制的问题。目前东北经济所面临的困难，并不完全是东北自身因素导致，还受复杂的外部因素影响，这是东北振兴新突破一个值得研究的方向。

另外，如果将东北的经济社会发展放到一个60年甚至100年的长周期内，还可以发现一个问题，即东北地区相当一部分原有的产业生命已经超过100年了。根据产业周期规律，这些基础产业的衰退是必然的。实际上美国已经发生了这个问题，美国的五大湖工业区，就伴随着衰败、城市的收缩，以及阳光地带的崛起。说明如果在经过传统产业的生命周期之后，传统产业没有进行更新换代和产业升级，则产业的衰败是必然的，是符合规律的。

当把东北的振兴放到中国式现代化的过程当中，把东北的振兴放到我们周边的地缘政治的变化过程当中，就可以解释，为什么中国东北的人口、东北的战略地位、东北的产业会出现这样的变化。

二、东北振兴的新变化

因此，受地缘政治因素的影响，以下几个因素的变化可能使东北振兴取得新的突破。

第一个因素是周边的环境，特别是地缘政治的变化。一是日本和韩国在美国的挟持下，要进行供应链和生产链的重构，这个变化和先前是不一样的；二是俄乌战争，使得整个西方按照意识形态来重构生产链、供应链，这对我国的影响是巨大的。另外台海局势也有重要影响。这些外部环境因素的变化，可能会导致整个资本的流向发生变化，因为资本是最敏感的，资本首先要趋利而动，其次还要寻求安全。区域政治关系的变化使得国家的资源需要进行重构，资源重构就可能会带来机遇，在这种情况下，东北振兴的新突破在某一个时点上存在着逆转性发展的可能性。

第二个因素是气候条件的变化。伴随着气候变暖，西伯利亚的永久冻土带将逐步融化。一旦有一些土地适宜耕作，客观上俄罗斯的西伯利亚地区将变成可耕种的土地，这将会给东北在农业方面的发展带来机遇。

第三个因素是交通条件的变化。交通条件的变化对于东北而言主要是北冰洋的航道开通。一旦北冰洋的航道开通加上当下复杂的地缘政治变化，也将会给东北地区的发展带来机遇。

三、东北振兴的新方向和新思考

伴随着东北振兴的新变化，就涉及东北取得突破的新方向。要找到东北取得突破的新方向，就需要找到新发展的着力点和新举措。要关注东北三省新动能的培育和发展。2022年前三季度，辽宁和黑龙江实现了正增长，但吉林是负增长。尽管如此，吉林依旧拥有很大的发展潜力，归根结底就在于吉林发展的新动能。一是一汽和比亚迪合作的新能源汽车。这个项目一旦完成，在中国将形成比亚迪、特斯拉和奥迪三强鼎立的局面。另外则是国家碳纤维的高技术产业化基地投产，6万吨的碳纤维项目在吉林正式启动。现在吉林省碳纤维产量的年增长率是65%以上，和碳纤维直接相关联的西部风电设备的生产增长超过12倍。另外在2022年的下半年，吉化的120万吨乙烯配套项目也陆续开工。同时，吉林省的一汽集团作为新能源汽车和智能网联的链主企业，首先，产业链由它来牵头，具有庞大的发展前景；其次，在发展高水平自强自立科技体系方面，吉林省的项目均为新项目，央企也要由一汽集团牵头。尽管吉林省的新经济占比不高，仅为15%左右，但由此说明当新经济、新动能赋能老工业基地发展的时候，其后续的发展是未来可期的。

首先，对于东北振兴的新思考，第一个需要研究的问题是，新经济的发展态势是否可持续，如果可持续，需要什么样的条件支撑。第二个值得研究的问题是，随着新经济和新动能的产生，可能会对生产方式带来巨大的冲击，这就是东北经济发展的新突破，是在生产力和生产关系的矛盾运动中带来生产方式的变化。一旦整个东北地区的生产方式由传统产业升级和新动能带来了根本性变化，东北振兴的目标就是可达的。当然这并不意味着东北的传统产业没有发展前景，但是传统产业如果不能进行根本再造和重构，东北的振兴将是很艰难的。对比国外，许多城市已经给东北振兴带来了发展经验。从这个意义上分析，吉林依旧拥有良好的新经济发展态势。

其次，目前部分学者认为，吉林省汽车产业占比过高将使得产业韧性不足，由此可能带来产业风险。其实，产业韧性不足，不是产业比重大小的问题，关键在于地区产业链是否全面完整。一旦大量配套产业部署在省外，产业韧性自然会不足。以一汽集团为例，吉林省提出汽车产业是万亿元产值，但目前一汽集团省外产值占 7000 亿元，当大量的配套产业在省外的情况下，本省只有 4000 亿元的产值，必然会面临产业韧性不足的问题。

再次，就是关于资本规范发展的问题。东北地区资本本身不足，没有达到需要对它进行规范的程度，应当给予资本可以发展的条件。譬如我国南方地区，由于生产要素的拥挤带来泡沫，资本需要被规范，但是东北地区依旧存在着发展不足的问题。通过整个东北三省的科研投资强度来看，根据近年数据，辽宁科研投资占 GDP 比重超过 1%。吉林省刚刚超过 1%，在投资强度不到 2% 的情况下，创新驱动没有坚实的物质基础。因此，对于规范资本的问题更应当因地制宜。

最后，要把东北地区放在整个国家现代化的进程当中，将国家安全放到一个重要的位置，才能够体现出东北的重要支撑作用。第一，由于俄乌冲突带来的能源安全支撑。能源一旦出了问题，会对经济全局造成影响。欧洲的通货膨胀就是成本推动的通货膨胀，而成本增加主要来源于能源成本增加。因此，东北要给国家能源安全提供支撑作用。第二，粮食安全的支撑。俄罗斯和乌克兰小麦外售的比重超过 17%。一旦粮食安全出现大问题，不仅是经济的问题，而是整个社会的问题。第三，国防安全支撑。东北具有诸多国防军工产业，此外，东北在整个地缘政治上的特殊位置决定其能够为国家提供国防安全支撑。

四、东北振兴新突破的实践路径

第一，东北的体制改革要有新突破。东北体制改革新突破中涉及一些体制机制的问题，尽管这个问题全国其他地区同样存在，但是在东北更为突出。而其中最大的突破方向，就是全国统一大市场的形成。要想建设全国统一大市场，首先需要形成在东北地区实现统一市场。以吉林省旅游业为例，之所以提出全域旅游的概念，原因就在于旅游市场以各地为界存在明显的市场分割现象。因此，首先需要通过东北体制改革，形成东北统一市场，进而助力国内国际双循环和全国统一大市场的构建。

第二，东北开放要有新突破。在新型地缘政治关系和复杂多变的国际形势之下，东北需要重新对现有产业合理规划空间布局，在这个过程中需要发挥央企的引领带动作用，通过央企引领国家区域战略，进而带动区域的协调发展，最终通过央企和周边经济伙伴之间形成新的经济联系。在此过程中还应充分利用 RCEP 签署后的有利环境，加强周边经济联系。另外要有未雨绸缪的思想，整个东北地区的产业布局与其周边的国际环境变化有着密切的联系，一旦周边环境发生了变化，我们应当及时抓住机遇。

第三，东北传统产业要有新突破。首先需要研究农业发展的新突破，关键在于把现代农业发展和数字化农业发展紧密结合在一起。要推动数字化农业、有机农业和低碳农业发展，辽宁具有很好的基础。在传统工业上，2022 年吉林省提出"氢动吉林"的概念，要重点着手于氢能源的运用。我们吉林之所以做，是因为白城是我们吉林省最穷的地方，它面临的问题就是有着大量的"垃圾电"，积压着电力生产指标，最近通过引进风能、光能等产业，生产绿色电能。另外，通过风电本地消纳的方式，使国电给吉林省增加指标。所以现在白城已经变成陆上三峡，引入了整个国电和东方的投资，其中也包括光电和风电的装备外部输送项目。

总之，东北振兴新突破不仅要在传统的工业上取得突破，还应该在新的格局下实现突破。在中国式现代化和国内国际双循环的整体大背景之下，结合东北周边区域地缘政治新变化去把握东北地区的新发展。其中，实现新突破的重要抓手就是发展新经济和新动能，这是东北经济发展最有生命力的部分，是东北振兴实现新突破的关键。

New Changes, New Directions and New Breakthroughs in the Revitalization of Northeast China from the Perspective of Chinese Path to Modernization

Song Donglin

Abstract: The new breakthrough in the revitalization of the Northeast is not only a breakthrough in the economic aggregate, but also a breakthrough in the development connotation. The perspective of Chinese path to modernization provides new ideas for the new breakthrough in the revitalization of the Northeast in terms of theoretical exploration and practical path. This paper analyzes the evolution process of population mobility, regional strategy and industrial development in Northeast China from a long-term perspective, and explains the influencing factors of the new breakthrough in the revitalization of Northeast China by summarizing the new changes in the geopolitical, climatic and traffic conditions in Northeast China. On this basis, combined with actual cases, this paper analyzes the possible direction of new breakthroughs in the revitalization of Northeast China from the perspective of Chinese path to modernization in the fields of transformation of new and old drivers, industrial resilience, capital regulation and national security support, and finally puts forward policy recommendations and practical enlightenment to achieve new breakthroughs in the three aspects of system and mechanism, open economy and traditional industries.

Keywords: Chinese path to modernization　New breakthroughs in Northeast revitalization　Conversion of new and old kinetic energy

深入贯彻落实党的二十大报告精神
为中国式现代化贡献金融力量

张远军[*]

摘　要：党的二十大报告中指出了要深化金融体制改革的推进和实现国家安全体系和能力现代化，这对于未来中国式现代化下的经济金融发展的风险管理和金融安全提出了更高的要求。本文基于党的二十大报告，对于未来中国金融行业的发展方向、发展目的和发展途径开展了深入论述。本文认为，在思想层面上应该坚持党对于金融工作的领导，深入学习和领会习近平经济思想，推动理论创新，明确以人民为中心的金融价值引领；而在实践途径上应建立中国式现代化的金融评判标准、塑造良好的金融生态、完善金融科技创新、培育新时代的金融人才，最终在多措并举下为中国式现代化和东北振兴贡献金融力量。

关键词：中国式现代化　金融创新　金融监管

一、引　言

在举世瞩目的二十大刚刚闭幕，全国上下全面学习、全面把握、全面落实二十大精神的背景下，辽宁大学辽宁区域经济发展研究基地、辽宁大学东北振兴研究中心举办此次高峰论坛，深入学习贯彻习近平总书记关于东北振兴、辽宁振兴发展的重要讲话、指示精神和党的二十大精神。会议非常及时、非常必要且重要，我非常荣幸受邀参加会议并有机会汇报学习体会，非常感谢！

---

　*　作者简介：张远军（1970～），男，辽宁朝阳人，辽宁金融控股集团有限公司总经理，高级经济师，博士，研究方向：金融、贸易经济、经济法。

党的二十大报告指出，要深化金融体制改革，建设现代中央银行制度，加强和完善现代金融监管，强化金融稳定保障体系，依法将各类金融活动全部纳入监管，守住不发生系统性风险底线。二十大报告专门用一个章节对推进国家安全体系和能力现代化，坚决维护国家安全和社会稳定进行了全面部署，将安全问题提高到一个前所未有的高度，这其中就涉及强化经济金融重大基础设施、金融网络数据等安全保障体系建设。

站在金融回归本源的角度去思考风险管理和金融安全，面向未来中国金融当前最重要的就是思考未来的发展方向和方法问题，未来中国金融向哪儿发展、为谁发展、如何发展？对此，汇报和分享以下几个学习认识和体会。

二、中国金融发展的思想引领

第一，服务于中国式现代化的中国特色社会主义金融，必须坚持和强化党对金融工作的集中统一领导。党的领导是中国特色金融发展之路的本质特征，是做好金融工作的最大政治优势，是管理好金融风险、维护金融安全的重要保障。党的二十大报告指出，全面加强党的领导，确保党中央权威和集中统一领导，确保党发挥总揽全局、协调各方的领导核心作用。金融事关经济发展和国家安全，事关人民群众安居乐业，只有坚持党中央集中统一领导，才能彰显政治性、确保人民性、提升专业性和改进服务性，才能有效解决金融运行中的内外在矛盾，才能真正实现金融高质量发展。建设中国特色社会主义金融，走中国特色金融发展之路，建立健全金融稳定和发展统筹协调机制，建立健全地方党政主要领导负责的重大风险处置机制，压实金融机构依法合规经营的主体责任，金融监管部门依照法定职责承担监管主体责任，共同推动建立科学高效的金融稳定保障体系。

第二，充分运用和发挥习近平经济思想在金融理论创新中的引领作用，创新中国特色金融理论。坚持理论创新是中国共产党百年奋斗的重要历史经验。当前，我国进入高质量发展阶段，迈上了全面建设社会主义现代化国家的新征程，这对金融工作提出了更高的要求，需要有中国特色的社会主义金融理论指导。然而在金融理论领域，一些理论或者标准还掌握在别人的手中，仍是制约当前中国金融发展的一个瓶颈。必须坚持以习近平经济思想为引领，在金融实践中不断强化理论建设研究，结合中国的国情，构建中国特色金融理论体系，用于指导中国的金融实践，开拓中国特色金融发展新境界。只有在金融理论上有突破，金融标准上有制定权，才能够破除金融发展对于西方金融理论的依赖和思想上的桎梏，才能够实现中国金融的自主安全发展。

第三，牢固树立以人民为中心的价值导向，明确金融价值引领。金融事业起于为人民服务，兴于为人民服务，必须充分体现人民性。中国特色社会主义金融的人民性是由党的宗旨、国家的性质所决定的，以人民为中心是中国特色金融服务的根本价值取向。党的二十大报告指出，中国式现代化是中国共产党领导的社会主义现代化，是人口规模巨大的现代化，是全体人民共同富裕的现代化，是物质文明和精神文明相协调的现代化。因此，中国特色金融的发展必须要树立依靠人民、为了人民的主体价值导向，将自身的发展与人民的需求相结合，与现代化建设的要求匹配起来，以不断满足人民日益增长的优质金融服务需求为出发点和落脚点。

三、中国金融发展助力中国式现代化的实践途径

第一，重塑当前中国金融的发展观，建立适合中国式现代化需要的科学评判标准。经济是金融的根基，金融是经济的血脉，金融必须回归本源，把服务实体经济放在首要位置，主动为实体经济"输血""造血"，形成金融和实体经济共生共荣的良性循环。金融说到底是中介服务行业，不直接参与生产性的活动，其价值来源于实体经济创造价值的再分配。对中国特色金融发展的评判标准要逐步改变单纯以利润优先的标准，必须围绕提升全要素生产率和投资资本收益率这一根本目标，通过精细化管理手段，来强化监管的综合考评，进而重塑当前中国金融的发展观，重塑金融与实体经济的关系，更好地服务于实体经济。

第二，维护金融安全，塑造良好的金融生态环境。金融是国家重要的核心竞争力，金融安全是国家安全的重要组成部分，防范和化解金融风险事关国家安全、发展全局和人民财产安全。落实党的二十大精神，维护好金融安全是关系我国经济社会发展全局的一件带有战略性和根本性的大事。按照党的二十大"统筹发展和安全，牢牢守住不发生系统性金融风险的底线"的要求，把防控金融风险放在更加突出的位置，健全和完善金融风险的防范、预警和处置机制，坚持"风险应走在市场曲线前面"，提升对各类风险的预判和驾驭能力，同时防范在处置风险过程中引发次生风险。强化信息披露，完善金融机构的内部控制和社会公众监督机制，重视和加强金融生态环境建设。

第三，完善金融科技创新，为中国式现代化建设和高质量发展提供技术支撑。党的二十大报告指出"必须坚持科技是第一生产力"，强调要完善科技创新体系，加快实施创新驱动发展战略，再次明确了科学技术在社会生产力发展中的重要地位。现代科技的广泛应用使金融业态、风险形态、传导路径和安全边界发生重大变化，数据安全、反垄断和金融基础设施稳健运行成为新的关注重点。要加快金融数字化转型，积极推进金融大数据平台建设，开发智能化风险分析工具，完善风险早期预警模块，增

强风险监测前瞻性、穿透性、全面性。完善金融数据治理，打通信息孤岛，有效保护数据安全。加强金融基础设施建设，优化网络架构和运行维护体系。

第四，打造符合新时代要求的金融人才队伍。党的二十大报告强调"人才是第一资源"，要坚持"人才引领驱动"，明确了人才强国战略在中国社会主义现代化国家建设中的新要求新任务。服务和融入国家重大战略，着眼振兴发展需求，离不开人才，尤其是金融人才，要努力培养造就更多"大国工匠、高技能人才"。东北三省在这方面有优势，高校科研院（所）资源丰富，要紧跟金融业的新变化、新动态、新趋势，及时更新金融学科知识体系，完善人才培养和就业联动机制，培养造就德才兼备的高素质金融人才。落实高层次人才引进激励政策，积极吸引省外具有经济金融理论与实践管理经验的高素质人才，重点加大金融科技、金融管理、基金投资等领域的人才引进、挖掘、培养，打造专家型人才队伍，聚天下英才而用之。

四、结　语

党的二十大擘画了中国式现代化的宏伟蓝图，道阻且长，行则将至。金融必须在全面建设社会主义现代化国家的整体布局中找准自身定位、担当尽责。在三省党委、政府的坚强领导下，围绕金融发展和金融安全开展一系列金融创新和实践，持续做好金融服务工作，为东北振兴发展取得新突破贡献金融力量，在服务中国式现代化进程中全力展现更大担当。

打造对外开放新前沿下辽宁省
对俄区域经济合作研究[*]

刁秀华^{**}

摘　要： 辽宁省作为东北地区唯一具有沿海优势的省份，不仅与俄罗斯尤其是远东地区具有有利的合作基础，而且面临着开展区域合作的历史机遇。目前，坚定不移地扩大对外开放，不断深化国际交流与合作，是加快推进辽宁新一轮振兴的有效途径。作为"一带一路"倡议向北开放的重要窗口，辽宁要以中蒙俄经济走廊建设为平台，不断深化中俄双方区域经济合作，积极参与俄远东地区开发建设，大力推动与俄远东地区在交通、旅游等领域的合作，打造对俄开放新前沿，建设面向东北亚开放合作新高地。

关键词： 辽宁　俄罗斯远东地区　区域合作　对策建议

＊　基金项目：国家社科基金重大项目"建设面向东北亚开放合作高地与推进新时代东北振兴研究"（20&ZD098）；辽宁省社会科学规划基金重大项目"关于辽宁打造面向东北亚对外开放新前沿的对策研究"（L21ZD008）；大连理工大学独联体国家研究中心重点项目"俄乌冲突背景下加快中俄区域经济合作的对策研究"（2022GBZ01）。

＊＊　作者简介：刁秀华（1973～），女，黑龙江依兰人，大连理工大学马克思主义学院研究员，博士，研究方向：俄罗斯经济、东北亚区域经济合作、上合组织区域经济合作问题研究。

一、引　言

加强在俄远东地区合作是中俄两国首脑达成的重要共识，也是两国务实合作的优先方向。习近平总书记在 2018 年深入推进东北振兴座谈会上强调，要深度融入共建"一带一路"，建设合作开放高地。在 2019 年中央财经委员会第五次会议上强调，东北地区要打造对外开放新前沿。这是辽宁深度开展对俄经济合作的重要战略引领。作为"一带一路"倡议向北开放的重要窗口，辽宁是东北地区开放程度最高，开发潜力最大的地区，在我国参与东北亚区域国际合作具有重要作用。因此，要推动辽宁深度融入共建"一带一路"，充分发挥对俄远东地区合作的产业及陆海联运、港口等方面的优势，加快推进双方经济合作，推动建设对俄远东地区开放合作高地。

二、辽宁省与俄罗斯区域经济合作的基础

辽宁省具有沿边沿海的地理优势，是中国面向东北亚地区的陆海双重"门户"，不仅工农业基础雄厚，而且在经济、科技、文化等方面具有与俄罗斯进行合作的条件和基础，双方的合作不仅有利于发挥彼此间的互补优势，实现共赢发展，而且有利于共建"一带一路"倡议同俄远东开发战略的对接，打通"海上丝绸之路"的北向新通道。

从资源禀赋来看，辽宁省农业资源较为丰富，农产品特别是水果不仅能够满足居民的需求，还可大量出口。但在原油、铁矿、木材、纸浆等资源方面主要依靠进口。而俄罗斯尤其是远东地区能源和矿产资源极其丰富，农产品却相对短缺。因此，中俄双方的资源具有互补性，相互之间合作的潜力较大。

从劳动力角度来看，俄罗斯自 1990 年以来，人口死亡率一直高于出生率，人口呈负增长态势。特别是俄罗斯远东地区，地广人稀，劳动力短缺制约了该地区的经济发展。而辽宁劳动力资源比较丰富，辽宁省和俄罗斯之间劳务合作的空间较大，双方的合作能够实现互利共赢。

从资本角度来看，俄罗斯的经济转型与发展需要引入大量外资。俄远东地区原有生产设备老化、资金周转不畅，需要更新生产设备和注入大量资本，尤其是远东跨越式发展区和符拉迪沃斯托克自由港的建设，更是急需引进大量外资。而为全面贯彻落实习近平总书记关于打造东北对外开放新前沿，辽宁省正加快建设对俄开放合作高地，投资合作成为对俄远东地区的重要领域之一。

从经济发展水平来看，虽然中俄两国都是发展中国家，且中俄两国毗邻东部地区

均以重工业为主，但经济发展水平差距较大。俄罗斯远东地区仍以采掘业为主，制造业水平较低，而辽宁的装备制造业较为发达，二者具有开展对接合作的基础条件。

当前，鉴于远东开发已确定为俄罗斯21世纪的优先发展方向，辽宁"一带一路"综合试验区建设总体方案提出，要紧紧把握俄远东地区开发开放的历史机遇，强化陆海空互联互通，推进经济互补发展，打造中俄合作的桥头堡。

三、辽宁省与俄罗斯经济合作状况

近年来，辽宁省积极发展与俄罗斯远东地区合作，双方具有良好的合作基础，相互之间建立了许多友好城市关系，并在经贸、投资、旅游等方面不断加强合作。

在经贸合作方面，2000~2017年，除了受2008年金融危机影响导致2009年的进出口额较低以外，辽宁省对俄进出口总额基本呈现出不断上涨的态势，2000年为2.37亿美元，2011年增加到21.7亿美元。2013~2017年，辽宁省与俄罗斯进出口总额分别为24.19亿美元、24.31亿美元、30.20亿美元、32.54亿美元、41.21亿美元。2018年，辽宁与俄罗斯进出口总额为40.09亿美元，比上年下降0.3%，其中对俄出口额为10.99亿美元，从俄进口额为30.10亿美元。2019年，辽宁对俄进出口总额下降为34.58亿美元，比上年下降15.8%，其中对俄出口额为11.49亿美元，进口额为23.09亿美元。[1]2020年，由于受新冠肺炎疫情的影响，辽宁与俄罗斯的贸易额持续下滑，双方进出口总额下降为31.7亿美元，比2019年下降了8.3%，其中对俄出口额为9.0亿美元，比上年下降21.8%，进口额为22.7亿美元，比上年下降1.6%。在进出口商品结构方面，辽宁对俄出口的主要商品有纺织服装、机电产品、水海产品、钢材等，其中机电产品、钢材等出口出现了明显增长，特别是电子产品的出口增长较快，而从俄进口产品主要为木材和能源等原材料资源。

在旅游合作方面，辽宁的滨海、温泉及冰雪旅游对俄罗斯的游客具有很大的吸引力。滨海旅游主要包括以大连、盘锦、锦州等地为首的辽宁沿海经济带，其中大连平均每年接待俄罗斯游客约为6万人次。整体来看，自2001年以来，辽宁省接待俄罗斯游客人数呈快速上升趋势。2012年和2013年，中俄两国分别互办"旅游年"，两国政府高层重视旅游业的合作，这在一定程度上推动了辽宁省与俄远东地区旅游业合作的步伐。此后，双方的旅游合作呈现出快速上涨的态势，来自俄罗斯的游客持续增加，由2014年的17.04万人次增加到2015年的20.22万人次，同比增长了18.63%，2016年比上年增长了11.07%，达到22.46万人次，2017年为23.98万人次，2018年为27.24万人次，2019年为28万人次。[2]从辽宁各地区入境旅游人数来看，大连市和沈阳市是主要地区。从俄方来看，自2017年8月1日起，俄罗斯政府出台了促进旅游业发展的政策，包括中国在内的 18 个国家公民可凭简化签证手续入境五个实行自由港制度的远东地区。这给辽宁与俄罗斯之间的旅游业合作带来了新契机。但近两年由于受新冠肺炎疫情的影响，双方的旅游合作受到较大影响。

在投资合作方面，近年来中俄双方投资总体呈上升态势，但双方投资主要以辽宁省对俄投资为主，其投资额度远大于俄罗斯对辽宁省的投资额度。截至 2017 年，辽宁累计对俄投资 16.4 亿美元，而俄罗斯对辽宁累计投资仅为 1.6 亿美元。[3]辽宁省对俄投资主要以采矿业、制造业、农业和渔业等领域为主，双方的投资合作有利于促进产能合作。

在科技合作方面，辽宁省建设了许多对俄科技合作平台，成为双方科技合作的有效载体。辽宁省和新西伯利亚市合建了"中俄科技园"，实现了境内外"双园"模式，"辽宁园"被纳入辽宁省高新技术产业发展体系。大连中俄高新技术转化基地采用政府引导、企业化运作的模式，通过引进和消化俄罗斯高新技术，以企业自行投资和参股的方式，将项目转让给其他企业和个人运行，来实现项目的产业化。

四、辽宁省对俄经济合作的机遇

1. 俄罗斯急于摆脱西方制裁，加大与亚太地区特别是中国的合作力度

自 2014 年乌克兰危机以来，美欧对俄罗斯采取了多轮制裁措施。西方制裁使俄罗斯更加重视"向东看"战略，不断加大与亚太地区尤其是中国的合作力度。2022年 4 月 20 日，俄总统普京强调，中国是俄罗斯最大的经贸伙伴，在当前经济面临转型和挑战的背景下，政府将为包括制造业在内的产业提供大力扶持，并表示中俄两国合作除了航空、机械制造、石油、天然气及核能等领域外，俄罗斯的中小企业还要积极参与双方的合作项目。[4]这种与中国进行大范围、全领域的合作，标志着俄罗斯未来经贸需求与经营模式的巨大转变，有助于促进中俄双方合作。

2. "丝绸之路经济带"与"欧亚经济联盟"建设对接有利于中俄开展合作

2015 年 5 月中俄双方签署的《中华人民共和国与俄罗斯联邦关于丝绸之路经济带建设和欧亚经济联盟建设对接合作的联合声明》，表明两国高层领导人在"一带一路"建设对接上已经达成一致，形成了共识。此后，两国领导人在不同场合的双边会晤中多次强调"一带一路"对接合作的必要性和重要性。中国东北地区与俄远东地区是未来提升两国整体合作水平的重要力量，是促进双方关系不断深化的领跑者。在"一带一路"建设对接合作中，中国东北地区和俄远东地区是互相毗邻且对接合作的优先区域之一。俄远东开发战略与中国东北振兴战略、丝绸之路经济带倡议存在许多契合点。二者对接需要交通、能源等基础设施的互联互通，有利于推动中俄在重

大基础设施、产业园区和跨境经济合作区等方面的合作。

当前，辽宁省经济发展进入了全面振兴阶段，已经初步形成了承接"一带一路"建设较为完善的经济基础和基本条件。这主要表现在：通信基础设施建设发达，交通基础设施一应俱全，东北亚航运中心建设不断推进，具备了融入"一带一路"建设的互联互通基础；装备制造业发达，具有转移优势产能的产业基础；具有依托自身海洋装备产业的综合技术优势。因此，辽宁省与俄远东沿海地区的合作具有较大发展空间。随着"一带一路"建设的深入对接，中俄两国间的经济合作模式将会不断创新。辽宁省参与远东地区开发能够深化彼此间的经贸合作，不仅有利于扩大辽宁省的对外开放，加快全面振兴，而且能够进一步促进中俄东部地区的经济发展，深化双方务实合作，推动中俄战略协作伙伴关系迈向更高水平。

3. 辽宁自由贸易试验区的建立有助于推动对俄开放合作高地的构建

2017 年，辽宁自由贸易试验区成立。其中大连片区重点发展港航物流、先进装备制造、高新技术、航运服务等产业，沈阳片区重点发展装备制造、汽车及零部件、航空装备等先进制造业，营口片区重点发展商贸物流、跨境电商等现代服务业和新一代信息技术、高端装备制造等战略性新兴产业。当前，辽宁自由贸易试验区不断推进与东北亚全方位的经济合作，构建连接亚欧的国际大通道，建设现代物流体系和国际航运中心。从区域布局和功能来看，辽宁自由贸易试验区的成立，为中俄双方合作带来了新机遇，有利于推动辽宁全面振兴和全方位振兴，有利于建成向北开放的重要窗口，打造对俄及东北亚区域合作的中心枢纽和开放合作高地。

4. 中俄双方较强的互补性为区域合作提供了有利条件

一是在自然资源互补性方面，俄罗斯资源丰富，且大部分资源集中在东部地区。辽宁省是中国主要的工业和原材料基地，由于资源的过度、长期开采，导致众多资源型城市，如阜新市、抚顺市、鞍山市等面临资源转型危机。辽宁省在经济转型过程中能源等原材料的约束日益严重，资源的外部依赖程度也不断提高。辽宁省与俄远东地区进行石油、天然气、木材等自然资源合作具有天然的地域优势，因为彼此距离相对较近，修建能源管道或进行陆路运输实现资源合作都十分方便。二是在技术互补性方面，近年来由于西方国家对俄进行经济制裁，在某种程度上使得俄罗斯企业寻求对华合作的意愿明显增强。再加上俄远东地区存在资金不足、人才外流问题，直接影响科技成果的产业化，而辽宁省近些年高新技术产业有了长足发展，具备与俄罗斯进行科技合作的现实可能性。三是在产业结构互补性方面，辽宁省与俄远东地区的经济发展和产业结构既有相似之处又有不同之处。相似之处在于双方都是两国相对依靠资源和工业发展的省区，不同之处在于，辽宁省在农产品、纺织、服装、机械、电子等轻工业领域以及装备制造业领域具有比较优势，而俄罗斯在能源、矿产和木材等资源产品领域以及重工业、采掘业领域具有明显的比较优势。因此，两地区间的产业具有互补发展的趋势，能够促使双方在经贸结构上实现"互通有无"。此外，远东地区农副产品生产无法满足本土需求，这给辽宁省农业尤其是水果出口提供了巨大市场。

五、加快辽宁省对俄经济合作的对策建议

1. 以中蒙俄经济走廊建设为平台，不断深化双方区域经济合作

中蒙俄经济走廊建设作为"一带一路"建设的重要内容，是未来东北地区发展的大趋势，而推动该走廊建设的重点就是实现交通互联互通。该走廊东北通道从大连到哈尔滨，再到满洲里出境进入俄罗斯的赤塔，通过赤塔可进入"第一亚欧大陆桥"——西伯利亚大铁路，向西可到达莫斯科，向东可抵达俄远东符拉迪沃斯托克港。与丝绸之路经济带从西北地区走新亚欧大陆桥相比，该通道途经国家少、时间短，是一条经济型新通道。

因此，辽宁要打通陆路、铁路和海港的跨国通道，重点是要支持并提升大连港、营口港和锦州港等港口在中蒙俄经济走廊东北通道的节点地位。一是通过"辽满欧"通道将商品从营口港和大连港通过铁路运往满洲里，再运往俄罗斯和欧洲各国。二是通过"辽蒙欧"将货物从丹东港、锦州港和盘锦港运往内蒙古自治区的二连浩特口岸，过境经蒙古国到达俄罗斯，再运往欧洲各国。该通道不仅可缩短中蒙俄间的运距，而且能缓解满洲里铁路口岸的过境运输压力。为此，要加快推进跨境物流发展。三是引导企业加快物流培育，扩大"辽满欧""辽蒙欧"运量班次。通过"辽满欧"和"辽蒙欧"双线并进，扩大东北地区与俄欧地区间经贸合作往来，帮助物流企业早日摆脱新冠肺炎疫情带来的危机。

2. 积极参与俄远东跨越式发展区和符拉迪沃斯托克港建设对接合作

俄远东跨越式发展区建设离不开中国东北地区的深度参与，目前有 11 个跨越式发展区设置在毗邻中国的俄罗斯境内，中国企业入驻和发展具有一定的地缘优势。辽宁省在人才、技术和资金方面具有一定的优势，可弥补俄远东跨越式发展区这些方面的不足。尽管跨越式发展区还处在发展的初期阶段，但作为俄罗斯的经济开发和开放区，其发展态势良好。符拉迪沃斯托克自由港的设立，是俄罗斯实行"东向战略"，加大对远东的开发力度，使远东融入亚太一体化进程，并将其打造成东北亚地区的航运中心和物流枢纽的重要举措。俄罗斯试图通过自由港建设拉动国内经济，培育新的经济增长点和增长极。因此，辽宁应抓住机遇，深入探索新一轮振兴与俄远东跨越式发展区和符拉迪沃斯托克自由港建设对接合作的有效途径和方式。

此外，俄罗斯正全面发展东部地区的港口经济，在推进资源开发的同时，不断加大吸引外资的力度。今后几年，该地区将有一系列大型投资项目开始实施。因此，辽宁要充分利用这一有利契机，积极参与该地区的开发建设。特别是引导在资金和技术上具有优势的辽宁企业前往俄远东超前发展区和自由港开展投资合作。为此，要找准投资合作的契合点，尤其是在能源、港口、农业、矿产、旅游等领域的合作大有可为。[5]

3. 加快实现与俄远东地区"陆海冰"交通互联互通，拓展双方陆海多式联运新格局

交通互联互通是共建"一带一路"的优先领域，也是东北地区建设对俄开放合作高地的重要基础和先决条件。辽宁省要充分发挥交通运输、陆海联运、港口物流等方面的优势，拓展陆海多式联运大通道，使交通互联互通在深度融入远东地区合作的进程中走深走实。一是加快推进与"滨海1号""滨海2号"建设对接合作，通过大连—哈尔滨与"滨海1号"、大连—长春与"滨海2号"国际运输走廊相联结，进而对接俄远东地区港口。这是辽宁自由贸易试验区辐射东北腹地和将触角伸向东北亚地区、向北通往国际海路的最经济最有效的直接通道，能够打通东北大宗物资跨境运输通道，加快我国向北开放重要窗口的打造。二是贯通大连港到俄远东符拉迪沃斯托克自由港海路，发挥海运优势。大连港是"陆上丝路"与"海上丝路"的重要交汇点，腹地广阔，货物吸纳量巨大。而符拉迪沃斯托克自由港实行全方位开放、"单一窗口"过境服务和24小时口岸工作制，通关效率提高。该海上通道可大大节约货物运输成本并缩短运输时间，有利于提高东北地区与俄远东地区的经贸合作水平。三是要加快融入北极东北航道"冰上丝绸之路"建设，助力欧亚互联互通。为此应开发"冰上丝路"陆海双向发展带，支持大连、营口等主要港口稳定运营"辽海欧"北极东北航道。四是积极谋划丹东港经珲春口岸连通俄远东符拉迪沃斯托克港的"辽珲俄"铁路新通道，构建中俄国际道路运输（大连—新西伯利亚）大通道，畅通"陆上丝路"欧亚陆桥大通道。

4. 积极拓展辽宁与俄远东地区旅游市场的联通，打造多元共生的文化生态

俄远东地区是欧洲文化在亚洲的"前哨"，拥有很多独特的自然和文化历史遗址。当前，俄罗斯欢迎中国投资者在远东地区实施旅游合作项目。辽宁拥有丰富的旅游资源，应扩大双方旅游业合作规模，提高两地区旅游业服务质量，注重两地区旅游资源交流互动，加强两国地方政府、企业机构、社会团体的深度互动，提高对俄旅游宣传推介水平。尤其是要加快大连国际邮轮中心建设，打造国际邮轮旅游新品牌，并在该领域与俄远东地区开展合作。目前，可开辟具有发展前景的两条新航线：一条是大连——韩国济州岛——日本福冈——俄罗斯符拉迪沃斯托克。该航线可"跨越三

海"（渤海、黄海、日本海）、"途经三国三城"并"领略三种风光"（韩国济州岛风光、日本福冈风光、俄符拉迪沃斯托克风光）；另一条是大连——韩国釜山——俄罗斯符拉迪沃斯托克。该航线同样跨越渤海、黄海和日本海。这两条航线都延伸到俄罗斯远东的符拉迪沃斯托克，能够成为邮轮旅游的新亮点。

参 考 文 献

［1］ 辽宁省统计年鉴 2020 ［EB/OL］. http：//tjj. ln. gov. cn/tjsj/sjcx/ndsj/202102/t20210202_4079603. html. 2021 - 02 - 02.

［2］ 国家统计局、辽宁调查总队编. 辽宁省统计年鉴2020 ［M］. 中国统计出版社，2021.

［3］ 于玲玲. 辽宁与俄罗斯经贸合作现状及前景展望 ［J］. 现代营销，2021（6）：110 - 111.

［4］ Путин призвал бизнес активнее подключиться к совместным с Китаем проектам ［EB/OL］. https：//ria. ru/20220420/biznes - 1784493453. html. 2022 - 04 - 20.

［5］ 刁秀华. 中国东北与俄罗斯远东超前发展区对接合作研究 ［J］. 财经问题研究，2018（4）：116 - 122.

Research on the Regional Economic Cooperation between Liaoning Province and Russia under the New Frontier of Opening to the Outside World

Diao Xiuhua

Abstract：Liaoning Province, as the only province with coastal advantages in northeast China, not only has a favorable cooperation foundation with Russia, especially in the Far East, but also facing the historic opportunity of developing regional cooperation. At present, unswervingly expanding opening to the outside world and deepening international exchanges and cooperation are effective ways to speed up the new round of revitalization of Liaoning. As an important window for the "Belt and Road" initiative to open to the north, Liaoning should take the China – Mongolia – Russia economic corridor as a platform to continuously deepen regional economic cooperation between China and Russia, and actively participate in the development and construction of the Russian Far East, we will vigorously promote cooperation with Russian Far East in areas such as transportation and tourism, and build a new frontier of opening up to Russia and a new highland of opening and cooperation with Northeast Asia.

Keywords: Liaoning   Russian Far East   Regional cooperation   Countermeasures and suggestions

振兴东北政策的产业结构升级效应研究[*]

——以辽宁省为例

王　青　刘思良[**]

摘　要： 2003 年实施振兴东北政策以来，辽宁省以推进产业结构调整、建立现代化的优势产业体系为重点来谋划振兴。本文采用合成控制法，从产业结构合理化、产业结构高级化两个维度，评估振兴东北政策对辽宁省产业结构的优化升级作用，分析振兴东北政策对改善辽宁省产业结构所面临的工业产能过剩、第三产业发展迟缓、区位优势丧失等问题的作用，有助于帮助国家更合理地制定区域政策。结果表明：振兴东北政策整体上对辽宁省的产业结构优化升级效应显著，但从长期看，辽宁省的产业结构仍有失衡现象。因此，应以系统性思维，分类指导辽宁省的产业结构发展，对标国家的振兴东北战略部署，实现辽宁老工业基地的全方位振兴。

关键词： 产业结构转型升级　辽宁老工业基地　振兴东北

---

* 基金项目：辽宁省教育厅基础研究项目：中国城市群经济发展质量测度研究（LJC201919）、辽宁省统计局课题：供给侧结构性改革下辽宁经济增长新动能研究。

** 作者简介：王青（1964~），女，辽宁沈阳人，教授，博士，博士生导师，研究方向：现代统计与宏观计量分析；刘思良（1997~），男，广西玉林人，硕士研究生，研究方向：宏观计量分析。

一、引　言

党的十九大报告中明确指出"现阶段，我国经济已由高速增长逐步转向高质量发展"。推进经济高质量发展，是建立在现代化产业结构体系基础上的，因此推进产业结构转型升级已成为目前我国经济高质量发展的一项重要任务。产业结构转型升级的实践载体是省份，市场经济体制下，优胜劣汰的竞争机制要求不具备竞争力的企业或产业退出历史舞台，而新的企业和产业在市场经济下形成自身优势，以此来带动产业结构转型升级。不同的地区其产业结构状况有所不同，在推进经济高质量发展的背景下，不同的地区均提出多元化发展，开发经济增长新动能，促进产业结构升级。但是，全国各省份具有不同的体制性问题和结构性矛盾，同时具有地区异质性，那么各省份之间产业结构的变动调整难易程度也有所差异。由国家提出的政策落实到具体的省份，其政策目的之一是为了改善欠发达地区或者经济增速下滑地区的发展状况，以此来衡量政策的有效性。

改革开放以来，辽宁老工业基地面临产业结构转型升级困难的问题，且经济衰退的根源由来已久。自 20 世纪 90 年代开始，辽宁省面临着资源枯竭、不能充分适应由计划经济转向市场经济的经济体制改革、产业结构固化等诸多问题。辽宁作为老工业基地之一，其经济的衰退与经济管理体制主导下的产业结构之间有着十分密切的关系。2003 年，中共中央、国务院发布的《关于实施东北地区等老工业基地振兴战略的若干意见》（以下简称《意见》）指出，振兴东北战略实施后东北地区经济发展稳中向好，黑吉辽各省的年均经济增速分别为 11.7%、13.8% 和 12.8%（褚敏，2018）[1]，但自 2014 年以来，辽宁省经济增速下滑严重，经济增速显著落后于其他地区的同期水平，随着我国经济发展进入"三期叠加"的新常态阶段，整体增速从高速转向中高速，全国各省份均面临着经济发展转型的压力，而辽宁省的经济结构和产业结构转型形势尤为严峻。辽宁省经济增速逐步放缓，甚至于 2016 年经济出现负增长，"东北经济衰退现象"也引起了各界的广泛关注。中共中央下发的《关于全面振兴东北地区等老工业基地的若干意见》中指出，"（东北地区）体制机制矛盾制约了经济发展，找不到经济增长的发力点和旧经济增长动能减弱的结构性矛盾突出"。因此，在当前的背景下，辽宁省要实现经济的高速增长，一个重要前提是要先理清经济发展缓慢的深层内涵，分析出制约辽宁省经济增速的内在原因，为经济进一步提速补齐短板，并为其缩小与我国其他区域之间的差距提供相应的数据支撑和决策依据（董香书，2017）[2]。

辽宁老工业基地的产业转型升级的困境以及"东北经济衰退现象"产生的深层

次原因，一般研究认为是历史原因造成的体制性问题和结构性矛盾。在重工业优先发展战略下，辽宁形成了重化工业和资源性产业为主的产业结构，而且由于产业结构转型升级缓慢，产业结构固化、低级化的模式没有得到针对性的指导和根本性的调整。因此，加快经济发展需要产业结构升级、调整产业体系、发展经济增长的新着力点，这是辽宁省实现高质量发展的关键途径。

二、文 献 综 述

2003 年由中共中央及国务院提出的"振兴东北"战略是出于解决当时东北地区经济增长缓慢，企业经营困难问题所提出的经济扶持政策。"振兴东北"战略提出后，许多学者对其政策效应进行了预测和分析。辽宁老工业基地的结构性矛盾阻碍了辽宁的经济发展，辽宁产业结构面临着巨大问题，既不能全面转变重化工业的主体地位，同时又要求加快重化工业的转型升级（李向平，2019）[3]，"振兴东北"的提出对于东北地区而言偏重于项目投资，分类指导意识不足，无法针对东北地区现状提出根本性解决方针（王洛林、魏后凯，2006）[4]。苏联工业模式的借鉴使得东北地区管理体制僵硬、缺乏活力，资源严重向国有企业倾斜（谢伟，2019）[5]。劳动力结构与产业结构的匹配程度低下，人才流失严重，缺少高层次人才。政府首要问题是应提高与产业结构转型升级相配套的人力资本，促进产业结构合理化（赵新宇，2018）[6]。从产业结构来看，东北资源型城市的产业结构高度的提升相对滞后，且其产业结构转型升级建立在产业结构高度发展不充分的基础上，进一步加剧了转型的困难程度（石琳，2019）[7]。结构性问题主要表现在：产业结构单一化现象严重、政策方式固化、产业垄断固化（和军，2019）[8]。

前期的文献研究有助于理解"振兴东北"的政策意义和内涵，但由于这些研究大多是定性分析，缺乏对"振兴东北"政策相关效应的定量分析。也有部分文章关注东北地区的产业结构转型情况，如"资源枯竭型城市试点转型有助于产业结构调整"（孙祥栋，2020）[9]、"东北地区的经济增长主要是受到总量效应的推动，并未产生产业结构升级所带来的'结构红利'"（周宜昕，2019）[10]、"产业结构惯性引发的逆工业化特征"（卢英敏，2019）[11]、"东北产业结构存在的问题是为了完成短期的经济提速增长，盲目地把资源全部配置在重工业上"（胡琦，2005）[12]，但往往这些文章关注的着眼点在于"振兴东北"的整体效应，或是倾向于将某个城市作为试验对象。未能很好地结合辽宁省特殊的历史背景，"振兴东北"战略对辽宁省产业结构升级的效应及作用机制的研究还有较大空间。

本文主要创新点在于：（1）本文使用实施"振兴东北"政策十余年的产业结构

省级面板数据，运用合成控制法对"振兴东北"战略促进辽宁省的产业结构转型升级效果进行实证分析，避免了传统政策评估中双重差分法在控制组选取上的主观随意性。（2）本文从产业结构合理化、产业结构高级化两个维度，结合实证结果分析"振兴东北"战略对辽宁省产业结构优化升级的影响，从而认识到目前辽宁省产业结构所面临的客观问题，对新一轮振兴东北政策形成产业结构分类指导思想具有重要意义。

三、研 究 方 法

科学评价"振兴东北"政策对产业结构升级的影响，关键是找到一种合适的政策效果评价方法。目前国内外文献评价政策效果，通常采用双重差分法（Difference-in-Difference Method，DID）。但是，这一方法要求实验组和控制组在干预之前是可比的，可由于地区异质性的原因，这一要求难以得到满足，用这一方法所得出的政策效果评价容易出现偏误。为了弥补 DID 方法的缺陷，阿巴迪（2003）设计出一种新的识别政策效应的方法——合成控制法（Synthetic Control Methods，SCM）[13][14][15]。这个政策评估方法，是通过对所有控制组的加权平均构造出一个实验组的"反事实"控制组，当事件发生后，对比实验组和控制组之间的差异，以此来评估政策效应的影响作用。本文将 2003 年实施"振兴东北"政策的辽宁省作为实验组，把全国其余 28 个省份（即除开同样实施"振兴东北"政策的吉林、黑龙江两个省份外的其余各省市）作为控制组。通过全国其余 28 个省份的数据模拟合成出一个并未实施"振兴东北"政策的虚拟辽宁省。该合成的辽宁省要求同真实的辽宁省在政策实施前期，具有共同发展趋势，同时要求用于预测发展趋势的解释变量特征尽可能一致，真实辽宁省与通过合成控制法合成出的辽宁省，两者在政策实施之后的差异即是"振兴东北"政策的政策效应。

具体而言，在考察某项政策实施的地区效应时，使用合成控制法的第一步是要确定研究对象，一般为实验组和其他未实施政策的区域，假设包括实验组在内一共 N + 1 个省份，其中 N 个省份没有受到政策干预。令 Y_{1it} 表示个体 i 在 t 期实施政策后的结果，Y_{0it} 表示个体 i 在 t 期未实施政策所得到的结果，从而得到个体发展趋势差异为 $\gamma_{it} = Y_{1it} - Y_{0it}$，$D_{it}$ 表示个体 i 在 t 期的实施状态，受到政策干预则取值为 1，否则取值为 0，则个体 i 在 t 期的观测值为：

$$Y_{it} = D_{it}Y_{1it} + (1 - D_{it})Y_{0it} = Y_{0it} + \gamma_{it}D_{it} \tag{1}$$

根据"振兴东北"政策实施特征，设辽宁省（$i = 1$）在（$t = 1 \leq T_0 \leq T$）时被确定为"振兴东北"政策实施对象，而全国其余省份在所有时期均未实施"振兴东北"

政策, 即:

$$D_{it} = \begin{cases} 1 & i = 1, \ t \geq T_0 \\ 0 & otherwise \end{cases} \quad (2)$$

实验组受到政策干预后的政策结果 Y_{1it} 是可观测的, 但是无法观测到其未受到政策干预的潜在发展结果 Y_{0it}。所以政策效果评估的关键在于如何估计在 $t > T_0$ 期的反事实结果 Y_{0it}。因此, 假设 Y_{0it} 运用下列模型进行表示:

$$Y_{0it} = \delta_t + \theta_t X_i + \phi_t u_t + \varepsilon_{it}; \ i = 1, \cdots, N+1; \ t = 1, \cdots, T \quad (3)$$

其中, δ_t 是无法观测的公共因子, 对全国各省份均具有相同的作用, X_i 是 K 维不受政策干扰的可观测协变量列向量, 包含了可表示省份特征的外生变量, 并且也包括了政策实施以前 Y 的水平趋势。θ_t 是 K 维未知系数行向量系数, ϕ_t 是 H 维随时间变化无法观测的行向量系数, u_t 是 H 维无法观测的地区固定效应列向量, ε_{it} 是无法观测的误差项。

为了估计 Y_{0it}, 可通过对控制组省份加权近似的模拟实验组省份的特征。确定 $w_j \geq 0$, $j = 2, \cdots, N+1$, 且 $w_2 + \cdots + w_{N+1} = 1$; $w = (w_2, \cdots, w_{N+1})$ 为选择的 N 维权重列向量, 不同的权重向量代表着不同的合成控制, 权重 w 的合成控制模型为:

$$\sum_{j=2}^{N+1} w_j Y_{jt} = \delta_t + \theta_t \sum_{j=2}^{N+1} w_j X_j + \phi_t \sum_{j=2}^{N+1} w_j u_j + \sum_{j=2}^{N+1} w_j \varepsilon_{jt} \quad (4)$$

假设权重向量 $w^* = (w_2^*, \cdots, w_{N+1}^*)$, 使得:

$$\sum_{j=2}^{N+1} w_j^* Y_{j1} = Y_{1t}, \cdots, \sum_{j=2}^{N+1} w_j^* Y_{jT_0} = Y_{1T_0};$$

$$\sum_{j=2}^{N+1} w_j^* X_j = X_1 \quad (5)$$

如果政策实施之前的样本时间足够长, 那么反事实的实验组同最优全权重组合下所合成的结果差异趋近于 0, 因此实验组省份的反事实结果 Y_{0it} 可用合成控制法来估计:

$$\hat{Y}_{0it} = \sum_{j=2}^{N+1} w_j^* Y_{jt} \quad (6)$$

所以实验组省份的政策效果为:

$$\gamma_{1t} = Y_{1t} - \sum_{j=2}^{N+1} w_j^* Y_{jt}, \ t = T_0 + 1, \cdots, T \quad (7)$$

令 X_1 为实验组省份受到政策干涉前的 M 维特征列向量, X_0 为包含了实验组省份在政策实施前同样特征变量的 (M × N) 矩阵。合成权重最小化距离为:

$$\| X_1 - X_0 W \| = \sqrt{(X_1 - X_0 W)' V (X_1 - X_0 W)} = \sqrt{\sum_{m=1}^{M} v_m (X_{1m} - X_{0m} W)^2} \quad (8)$$

同时 V 是一个（M × N）的对称正定矩阵，V 可以通过 X_0 和 X_1 中的预测解释变量对结果的预测能力给予一定的权重，合成控制的权重向量 w^* 受到 V 的影响。"V_1, …, V_m"的选取可以根据研究人员对各协变量的预测能力，通过主观认知来进行选取，也可以由研究人员使用回归分析的方法来分析考察哪些协变量具有更优秀的分析能力。本文参考前人的做法，使用事前均方误差（mean squared predicted error，MSPE）最小的矩阵 V：

$$\sum_{t=1}^{T_0} \left[Y_{1t} - \sum_{j=2}^{N+1} w_j^* (V) Y_{jt} \right]^2 \tag{9}$$

四、变量说明及数据来源

（1）指标选择。产业结构的转型升级通常是指由于技术的进步，引发社会投资结构的调整，同时特定产业部门受到冲击，使得要素由从低生产率部门向高生产率部门流动。从宏观层面来看，产业结构的转型升级包含了产业结构合理化和产业结构高级化两个维度，本文从这两个维度考察"振兴东北"的政策效应对辽宁省的产业结构转型升级作用。

产业结构高级化（ind），是指产业结构的发展方向由第一产业转向第二产业，逐步过渡到第三产业。产业结构高级化的关键是服务业的繁荣发展，其中一个标志是第三产业增长率高于第二产业增长率，本文采用第三产业增加值与第二产业增加值的比值（ind）来对产业结构高级化水平进行测度（干春晖，2011）[16]，ind 为正向指标，当 ind 增加时，代表产业结构朝服务化方向推进。

产业结构合理化（TL），反映了不同产业间配合度和对资源的有效配置程度，也是对要素投入结构和产出结构耦合度的一种反映。产业结构合理化使用泰尔指数来衡量。公式表示为：

$$TL = \sum_{i=1}^{3} \left(\frac{Y_i}{Y} \right) \ln \left(\frac{Y_i}{Y} \Big/ \frac{L_i}{L} \right) \tag{10}$$

其中，i 表示第 i 产业，L 表示就业人数，Y 表示地区生产总值，$\frac{Y_i}{Y}$ 表示第 i 产业占地区生产总值的比重，$\frac{L_i}{L}$ 表示第 i 产业就业人数占总就业人数的比重。从古典经济学理论可知，当经济产出处于均衡状态时，各生产部门的生产率水平相当，也即 $\frac{Y}{L} = \frac{Y_i}{L_i}$，此时 TL = 0。当 TL 越大，则表示越偏离均衡状态，产业结构越不合理。

根据"振兴东北"政策的目标以及产业结构研究的有关文献，为了让"合成辽宁"更好地拟合辽宁的产业结构特征，本文所选择的预测控制变量均为事前变量，具体包括：

政府支出水平（czzc）：通常情况下，政策发挥效应是由政府决定公共财政的投资领域和投入规模来引导经济发展方向，本文以地方政府财政支出来衡量政府对经济发展的引导作用，该项指标充分反映了政府对资源的调配能力及其对区域经济发展的参与程度。

投资水平（gdtz）：固定资产投资通常拥有一定的倾向性，从而对地区产业结构升级产生作用，本文以固定资产投资额作为衡量指标。

经济发展水平（prgdp、GDP）：经济增长是衡量一个地区经济发展状况的重要指标，经济增长往往会带动产业结构发生变化，本文用人均 GDP（prgdp）和省份 GDP 作为指标衡量区域经济增长水平。

人力资本水平（rlzb）：人力资本水平通常采用平均受教育年限来代表，由于各省份层面的平均受教育年限数据无法获得，本文以普通高等学校在校生人数作为代理变量用来测度地区之间的人力资本存量。

技术创新水平（zlsq）：专利的授权通常意味着技术壁垒，技术的垄断通常也能影响地区的产业结构发展方向，因此，本文采用专利申请的授权量作为区域技术创新程度的指标。

同时根据合成控制法的原理，在选择权重时，要使实验组政策实施前，"合成辽宁"产业结构与辽宁尽量一致。因此本文选取 1992 年、2001 年两年的产业结构合理化程度、高级化程度作为预测控制变量，以保证"合成辽宁"与辽宁产业结构及其发展趋势的一致性。

（2）数据来源及描述性统计。由于合成控制法的思想是构建一个反事实的合成辽宁，因此要求政策的实施对控制组不产生显著影响，所以本文剔除了吉林、黑龙江两个省份。本文最终选取 29 个省份 1992～2017 年的面板数据，合成一个同辽宁省产业结构变化路径相似的合成辽宁进行政策效应评估。为消除数据之间的异方差，本文对以上变量进行对数化处理，同时考虑到数据的完整性，本文对所使用的部分指标数据用插值法补充或作出相应剔除，所有指标数据均来源于《国家统计局》及各省份统计年鉴。

表 1 中描述了各变量的统计性特征。结果变量中：产业结构高级化（ind）和产业结构合理化（TL）最大最小值差距较为明显。说明各省份的产业结构发展水平不一致，也说明产业结构存在巨大的调整空间，对产业结构水平较低的省份应加速产业结构调整。

表1 各变量描述性统计结果

变量名	样本量	均值	标准差	最小值	最大值
prgdp	754	22078.47	22667.09	1018	137596
GDP	754	9497.589	13015.75	33.3	91648.7
gdtz	754	6076.227	9037.121	13.33	55202.72
zlsq	754	16111.87	38935.26	1	332652
czzc	754	1674.325	2165.573	15.86	15037.48
rlzb	754	45.53627	46.00035	0.22	201.53
ind	754	1.083696	0.5355346	0.5270511	4.893987
TL	754	0.1915013	0.4102268	−0.3499504	2.52844

五、实证结果分析

1. 基本结果

合成控制法基于反事实所构建的合成辽宁,反映未采取"振兴东北"政策下的辽宁省产业结构发展状况。若真实辽宁和合成辽宁的曲线在2003年前几乎一致,但在"振兴东北"政策实施之后两者有明显的差异,则两者之间的差异是"振兴东北"政策所导致的。同时,合成控制法所构建的合成辽宁是控制组按一定权重组合生成的。表2列出合成辽宁产业结构合理化和产业结构高级化的合成比重值。以产业结构合理化的合成权重为例,其中,广东权重最大,为0.456。这表明"振兴东北"政策之前,广东与辽宁的产业结构合理化水平特征相近。

表2 合成控制法的最优权重组合

产业结构合理化				产业结构高级化			
控制对象	权重	控制对象	权重	控制对象	权重	控制对象	权重
北京	0	江西	0	北京	0	江西	0
安徽	0	内蒙古	0	安徽	0	内蒙古	0
重庆	0	宁夏	0.054	重庆	0	宁夏	0
福建	0	青海	0	福建	0	青海	0
甘肃	0	山东	0	甘肃	0	山东	0.502
广东	0.456	上海	0.1	广东	0.141	上海	0
广西	0	陕西	0	广西	0	陕西	0

产业结构合理化				产业结构高级化			
控制对象	权重	控制对象	权重	控制对象	权重	控制对象	权重
贵州	0	山西	0.011	贵州	0	山西	0.287
海南	0	四川	0.11	海南	0	四川	0
河北	0	天津	0.127	河北	0	天津	0.016
河南	0	新疆	0	河南	0	新疆	0
湖北	0	西藏	0	湖北	0	西藏	0
湖南	0.142	云南	0	湖南	0	云南	0.055
江苏	0	浙江	0	江苏	0	浙江	0

作为预测变量考察"振兴东北"政策对辽宁省产业结构变动的影响。根据合成控制法的基本思想,在政策实施前的时间段(即 1992~2003 年)的各项指标应与辽宁省尽可能一致。对 2003 年实施"振兴东北"政策之前真实辽宁和合成辽宁的相关预测变量进行比较(见表 3)。由表 3 可知,合成辽宁与真实辽宁在政府支出水平、投资水平、经济发展水平、人力资本、技术创新水平等预测协变量的真实值和合成值差距很小,拟合效果很好。这种结果潜在地说明相比双重差分方法,合成控制法更能避免偏误。由此可知,合成辽宁能够很好地模拟未受政策干扰的辽宁。

表 3 **预测变量真实值与合成值对比**

产业结构合理化			产业结构高级化		
预测变量	辽宁真实值	合成辽宁	预测变量	辽宁真实值	合成辽宁
ln_prgdp	9.109713	9.075385	ln_prgdp	9.109713	8.760798
ln_GDP	8.222967	8.224561	ln_GDP	8.222967	8.28338
ln_gdtz	7.017775	7.185035	ln_gdtz	7.017775	7.166407
ln_czzc	5.982258	5.983479	ln_czzc	5.982258	5.908092
ln_rlzb	3.20518	2.826764	ln_rlzb	3.20518	3.066482
ln_zlsq	8.215639	8.203206	ln_zlsq	8.215639	8.077508
TL(1992)	0.0186152	0.010937	ind(1992)	0.7317832	0.7359448
TL(2001)	0.1937885	0.1945794	ind(2001)	0.8516965	0.860631

"振兴东北"政策对辽宁省产业结构升级有以下几方面影响。首先，本文考察辽宁省的产业结构转型升级具体使用的指标是产业结构合理化和产业结构高级化，当使用全国其余省份作为控制组来估计没有政策实施前的辽宁省产业结构时，辽宁和对应的合成控制辽宁在1992～2017年的产业结构合理化和高级化相对程度如图1、图2所示，其中垂直虚线所示的位置表示"振兴东北"政策实施的年份。在虚线左侧，辽宁与其合成控制省份的产业结构模式非常接近，差异极小，说明合成辽宁很好地拟合了辽宁省产业结构的变化趋势。在2003年以后，政策实施后，两者逐渐偏离，辽宁与合成辽宁相比，产业结构合理化程度明显改善，产业结构高级化的升级效应明显。辽宁与合成辽宁两者的差值正是"振兴东北"政策对辽宁产业结构的影响作用，当实施"振兴东北"政策后，"振兴东北"政策对辽宁省的产业结构有显著的作用。

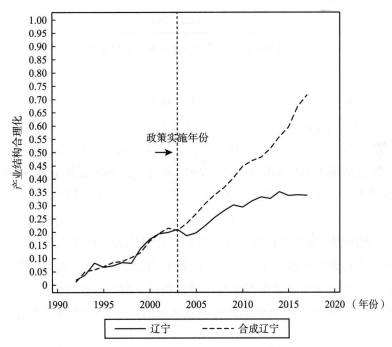

图1 辽宁与合成辽宁产业结构合理化程度对比

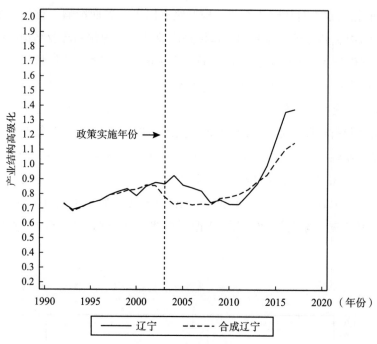

图2　辽宁与合成辽宁产业结构高级化程度对比

其次，为了更为直观地考察"振兴东北"政策对辽宁省产业结构合理化和高级化的影响，我们通过计算2003年前后实际辽宁与合成辽宁的产业结构合理化和高级化程度的差距。图3表明，1992～2003年，辽宁与合成辽宁两者产业结构合理化程度之间的差距在正负0.02范围内波动；2003年之后，两者差距逐渐突破了原有范围，差距持续为负，并且呈持续扩大趋势。"振兴东北"政策实施后真实辽宁的产业结构合理化程度与合成辽宁产业结构合理化程度之间的差距逐步扩大，结果说明"振兴东北"政策的实施显著促进了辽宁省的产业结构合理化的改善，而且改变的程度随着时间的推移逐步递增。图4显示，在2003年实施"振兴东北"政策后，辽宁相对合成辽宁的产业结构高级化程度有明显的提高，但效应逐步降低，在2008年以后变成负值，可能的原因是2008年的金融危机导致辽宁省的结构性矛盾加剧，引发产业结构高级化进程放缓。

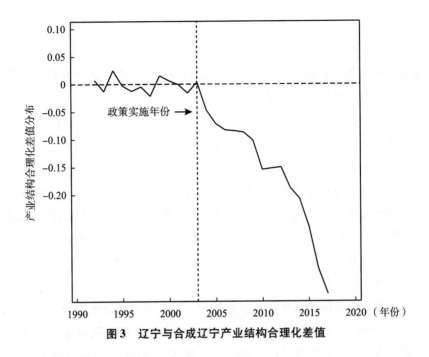

图3　辽宁与合成辽宁产业结构合理化差值

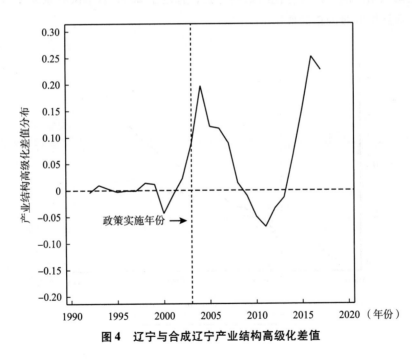

图4　辽宁与合成辽宁产业结构高级化差值

2. 稳健性检验

以上分析说明"振兴东北"政策改善了辽宁的产业结构，但辽宁有其本身的特点，与其他省份存在个体异质性，这种差异可能会使研究结论存在一定程度的误差。同时，因为合成控制法只能尽可能准确地构建反事实实验组，因此政策评估结果有一定程度的不确定性。这些因素的存在使得研究结论受到了一些质疑。同时"振兴东北"政策对辽宁产业结构转型升级的作用是否在统计上显著？针对前项问题，为确保结果的可靠性，下面将采取安慰剂检验和排序检验对前文结论做出进一步检验。

（1）时间安慰剂检验。由阿巴迪等提出的安慰剂检验思想，本文通过构建时间维度的反事实检验进行稳健性检验。将"振兴东北"政策由实际的实施时间2003年往前推至1998年，假设辽宁在该时点实施"振兴东北"政策，并运用合成控制法来检验政策效果。如果此时得出的结论与前文相类似，则说明辽宁省的产业结构变动并不能完全归因于"振兴东北"政策的实施；反之，则表明研究结论并不存在其他因素的干扰。时间安慰剂的检验结果如图5所示，1998年前后，真实辽宁与合成辽宁的产业结构高级化及合理化虽然存在细微差别，但并未有显著的差异，且两者的走向趋同。因此，即便将政策实施时点提前至1998年也并未带来明显的政策效应，可以说明上述研究结论能够排除其他因素的干扰，肯定了2003年"振兴东北"政策实施对辽宁产业结构升级的正向作用。

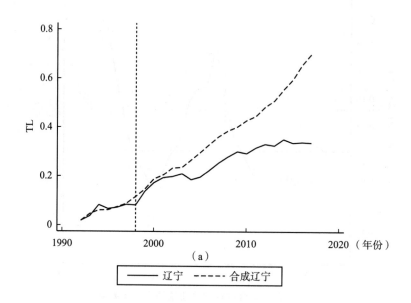

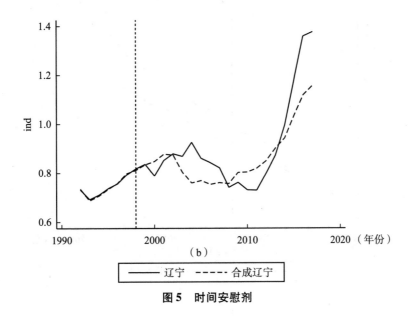

图5　时间安慰剂

（2）地区安慰剂检验。为了验证研究结果的稳健性，我们对其他省份进行了安慰剂检验。安慰剂检验的思路如下：针对没有实施"振兴东北"政策的某一个省份，我们假设是它而不是辽宁省实施了"振兴东北"政策，然后采用合成控制法，用其他地区（不包括辽宁）构建这个地区的反事实合成组，考察在2003年以后这个地区和它的反事实合成组之间产业结构高级化程度的差距，观察两者之间是否也出现显著的不同。产业结构合理化和高级化所选择的对象分别是广东、山东，也即分别构造合成辽宁权重最高的区域，图6展示了对于广东、山东进行地区安慰剂检验的结果。可以看到，对于合成广东与合成山东两者对真实辽宁前期产业结构变化的拟合程度良好，合成广东很好地复制了广东应有的产业结构合理化变动趋势，两者之间的差异程度并未随时间推移而进一步扩大。而合成山东的产业结构高级化效应不明显，这一检验进一步说明了"振兴东北"政策确实在一定程度上促进和加快了辽宁省的产业结构转型升级。

（3）排序检验。本文采用阿巴迪提出的类似于统计中秩检验的排序检验来进一步验证前文的实证结果。如果估计的政策效应在统计上结果显著，则说明被解释变量的差异确实是由于"振兴东北"政策所带来的变化而不是由于一些未观测到和未考虑到的外部因素。检验的思路是假设所有作为控制组的省份在2003年均实施"振兴东北"政策，使用合成控制法来构造反事实合成组然后和实际情况做对比，所估计得到的政策效果差距足够大的话，就有足够的证据表明"振兴东北"政策效果是十分显著的，并不是偶然现象，反之亦然。

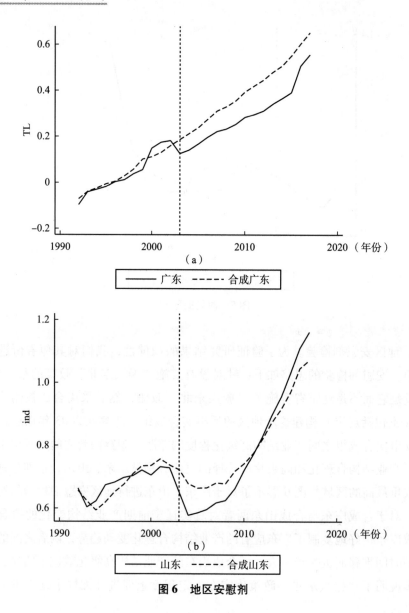

（a）

————广东　------合成广东

（b）

————山东　------合成山东

图6　地区安慰剂

此外，为了衡量政策效果的前后差距，本文参照王金营、贾娜（2020）[17] 的做法，构造能代表一个省份相对于其合成对象拟合程度的系数——拟合差异值（MSPE），MSPE在政策实施前后的比值可以用以识别"安慰剂"和"政策实施"效果，如下所示：

$$MSPE = \frac{1}{T_0} \sum_{t=1}^{T_0} \left(Y_{1t} - \sum_{k=2}^{k+1} w_k^* Y_{kt} \right)^2 \tag{11}$$

$$MSPE_{-ratio} = \frac{post\_MSPE}{pre\_MSPE} \quad\quad (12)$$

这一指标的使用前提是政策实施前的省份的反事实合成组都有着较好的拟合效果，倘若在政策实施前的拟合效果不理想，即 pre_MSPE 的值过大，那么即使在政策实施时点之后得到的被解释变量差值明显也同样不能够反映该项政策的政策效果。理由是，假设合成的对象没能很好地拟合实施政策前的被解释变量，那么最后所得到的政策效应也很有可能是由于拟合效果不好所导致的结果，与政策无关。本文对未实施"振兴东北"政策的其余省份进行了安慰剂检验，分别计算实际情况和合成情况在2003 年实施"振兴东北"政策后的差距，以验证"振兴东北"政策的效果分布。由于 2003 年是政策实施时点，如果某省份 2003 年之前的 MSPE 比较大则说明模型对该地区的拟合程度较差，进而该省份的政策效果不具有可信度。参考阿巴迪的做法，本文去掉了 pre_MSPE 为辽宁省 5 倍以上的省份，图 7、图 8 是排除拟合效果不好的省份后，排序检验所呈现的误差分布状态。由图 7 分析可知，在 2003 年之前，辽宁同其他地区之间的产业结构合理化程度差异并不大，但在 2003 年实施"振兴东北"政策后，产业结构合理化差异逐渐扩大，且真实辽宁与合成辽宁的差距位于大部分省份分布的下方。图 8 显示辽宁省的产业结构高级化效应位于其他省份变动情况的上方，均说明"振兴东北"政策对辽宁省的产业结构效应显著。

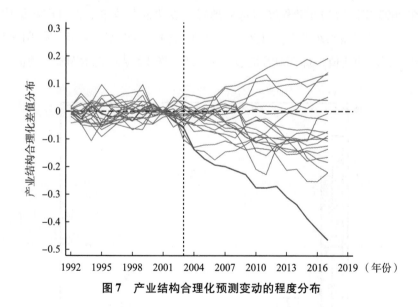

图 7　产业结构合理化预测变动的程度分布

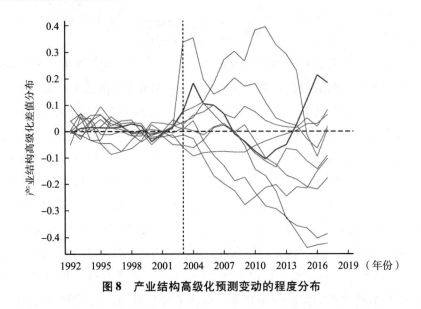

图8 产业结构高级化预测变动的程度分布

此外，本文计算各省份于 2003 年后相对变动程度与事前变动程度的比值，研究该比值的显著性，进而考察"振兴东北"政策对辽宁省产业结构转型升级是否产生重要干扰，并且该影响是否显著。根据合成控制法的思想，在 2003 年之前的变动程度越小则说明事前拟合的情况越好，说明合成地区的产业结构与真实地区的情况相符；但在 2003 年之后的变动程度则越大越好，以此说明政策效果对产业结构的影响越大。因此，当"振兴东北"政策对辽宁产业结构产生作用，并且该作用是显著的，则相对变动程度的比值，即 MSPE 应较大。图9、图 10 横轴表示 MSPE 的值，纵轴表

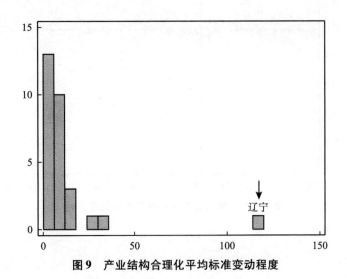

图9 产业结构合理化平均标准变动程度

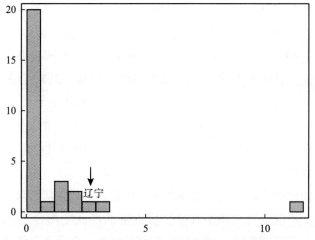

图10　产业结构高级化平均标准变动程度

示所对应的省份个数。可以发现无论是产业结构合理化还是产业结构高级化的平均标准变动程度都在5%以下的水平显著，综上所述，通过一系列稳健性检验，我们可以认为"振兴东北"政策对辽宁省的产业结构转型升级具有促进作用，并且该作用是显著的，即在"振兴东北"政策执行后辽宁省的产业结构变化趋势发生明显改变，并不是由偶然因素所导致的。

六、结论及政策建议

1. 结论

本文通过合成控制法考察了"振兴东北"政策对于辽宁省产业结构升级的影响作用。研究发现：

（1）2003～2017年，辽宁省的产业结构合理化程度与反事实的合成辽宁相比有较大改善，但辽宁省也仍存在产业结构不合理的情况。

（2）"振兴东北"政策对辽宁的产业结构高级化的促进效应在短期内效果显著，但在中期出现一定程度的衰减，可能是由于外部因素的冲击所导致，长期看来"振兴东北"政策有效加快了辽宁的产业结构高级化进程。

2. 政策建议

第一，进一步优化产业结构，为辽宁省经济高质量发展打下坚实基础。产业结构的升级对经济的增长有正向作用，而目前辽宁省的产业结构仍有所失衡，因此辽宁省要想实现经济更好更快发展，则仍需进一步加快产业结构转型升级。首先，要发挥自身的长处和优势，升级原有的优势产业，扶持劣势产业，实现产业结构多元化发展。

同时，辽宁省应大力建设高、精、尖装备制造业基地，发展高新技术产业。

第二，建立完善的政府管理制度，打造良好营商环境。破除"官本位""等靠要""找关系"等顽固思想，破除计划经济时期处理事务的解决办法，不能凡事以国企、事业单位为先，私营企业为轻。降低市场准入门槛，鼓励企业良性化市场化竞争，利用市场机制促进优胜劣汰，将资源向优势产业和企业靠拢。在当前"三期叠加"的经济背景下，实行分类引导，辽宁老工业基地应侧重优化新增投资的结构，减少对产能过剩企业和领域的"无效"投资，政府政策的目的应将重心放在创造新供给和满足新需求上。

第三，突破固化效应，促进产业体系多元化发展。在当前追求经济高质量发展的阶段，一二三产业不应该完全割裂开来，所追求的产业结构合理化、产业结构高级化，并不是完全摒弃前期投资，转向另一产业的发展。在产业集群区域，三大产业本就是相辅相成、互相促进、共同发展的。因此追求经济高质量发展，必须发挥财税政策的引导作用，鼓励企业加大研发力度，促进产业融合，推动现代化服务业和高端制造业之间的相互促进和融合发展。

第四，破除投资路径依赖，开拓产业转型新着力点。实现路径突破的关键在于新企业的发展与地区人力资本水平的稳步提高。辽宁省在充分考虑地区特性的前提下，应拓宽发展视野，发展外向型企业，挖掘潜在优势产业及企业。

参 考 文 献

［1］褚敏，靳涛．为什么中国产业结构升级步履迟缓——基于地方政府行为与国有企业垄断双重影响的探究［J］．财贸经济，2013（3）：112 - 122.

［2］董香书，肖翔．"振兴东北老工业基地"有利于产值还是利润？——来自中国工业企业数据的证据［J］．管理世界，2017（7）：24 - 34，187 - 188.

［3］李向平，宋帅官，赵玉红．辽宁经济衰退的历史缘由与振兴路径［J］．地方财政研究，2019（1）：4 - 9，43.

［4］王洛林，魏后凯．振兴东北地区经济的未来政策选择［J］．财贸经济，2006（2）：3 - 10，96.

［5］谢伟．苏联工业模式兴衰对振兴东北老工业基地的启示［J］．学术交流，2019（6）：110 - 118.

［6］赵新宇，郑国强，万宇佳．官员激励、要素市场扭曲与产业结构升级［J］．东北师大学报（哲学社会科学版），2019（6）：159 - 166.

［7］石琳．产业结构高度化下的东北资源型城市转型［J］．税务与经济，2019

（5）：1 - 8.

　　［8］和军. 东北经济的结构、体制关键障碍与突破路径 ［J］. 当代经济研究，2019（8）：96 - 106.

　　［9］孙祥栋，尹彦辉，李粉，刘学之. 资源枯竭城市转型试点政策有利于产业结构调整吗？——基于山东省枣庄市的"准自然实验" ［J］. 现代城市研究，2020（9）：109 - 115.

　　［10］周宜昕，郭振. 产业结构升级在东北地区经济发展中的乘数效应 ［J］. 统计与决策，2019，35（23）：139 - 143.

　　［11］卢英敏，刘佳丽. 东北老工业基地供给侧结构性矛盾与政府治理变革 ［J］. 商业研究，2019（6）：26 - 33.

　　［12］胡琦. 东北产业结构的逆工业化变动特征及转型思路 ［J］. 上海经济研究，2005（6）：21 - 30.

　　［13］Alberto Abadie, Javier Gardeazabal. The Economic Costs of Conflict：A Case Study of the Basque Country ［J］. *American Economic Review*, 2003, 93（1）.

　　［14］Alberto Abadie, Alexis Diamond, Jens Hainmueller. Comparative Politics and the Synthetic Control Method ［J］. *American Journal of Political Science*, 2015, 59（2）.

　　［15］Alberto Abadie, Alexis Diamond, Jens Hainmueller. Synthetic Control Methods for Comparative Case Studies：Estimating the Effect of California's Tobacco Control Program ［J］. *Journal of the American Statistical Association*, 2010, 105（490）.

　　［16］干春晖，郑若谷，余典范. 中国产业结构变迁对经济增长和波动的影响 ［J］. 经济研究，2011，46（5）：4 - 16，31.

　　［17］王金营，贾娜. 政策调整变迁与京津冀区域协同发展——基于合成控制法的分析 ［J］. 人口与经济，2020（5）：72 - 86.

　　［18］郑晓舟，郭晗，卢山冰. 双重环境规制与产业结构调整——来自中国十大城市群的经验证据 ［J］. 云南财经大学学报，2021，37（3）：1 - 15.

　　［19］董洪梅，张曙霄，董大朋. 政府主导与市场化对东北地区产业结构升级的影响——基于地级及以上城市面板数据的实证分析 ［J］. 云南财经大学学报，2019，35（10）：57 - 65.

　　［20］尤文龙，王官成. 东北地区传统产业与新兴产业融合发展效果研究 ［J］. 财经问题研究，2019（8）：38 - 45.

　　［21］杨天宇，荣雨菲. 区域发展战略能促进经济增长吗？——以振兴东北老工业基地战略为例 ［J］. 经济理论与经济管理，2017（10）：88 - 99.

　　［22］韩永辉，黄亮雄，王贤彬. 产业政策推动地方产业结构升级了吗？——基

于发展型地方政府的理论解释与实证检验 [J]. 经济研究, 2017, 52 (8): 33 - 48.

[23] 张华新, 刘海莺. 俱乐部收敛、产业升级与财政策略选择——对东北老工业基地振兴的新思考 [J]. 经济问题探索, 2017 (8): 50 - 56.

[24] 孙泽华. 辽宁自贸区发展针对差异化的路径选择 [J]. 对外经贸实务, 2017 (7): 66 - 69.

[25] 李力行, 申广军. 经济开发区、地区比较优势与产业结构调整 [J]. 经济学 (季刊), 2015, 14 (3): 885 - 910.

[26] 宋凌云, 王贤彬, 徐现祥. 地方官员引领产业结构变动 [J]. 经济学 (季刊), 2013, 12 (1): 71 - 92.

[27] 张同斌, 高铁梅. 财税政策激励、高新技术产业发展与产业结构调整 [J]. 经济研究, 2012, 47 (5): 58 - 70.

[28] 江飞涛, 李晓萍. 直接干预市场与限制竞争: 中国产业政策的取向与根本缺陷 [J]. 中国工业经济, 2010 (9): 26 - 36.

[29] 何德旭, 姚战琪. 中国产业结构调整的效应、优化升级目标和政策措施 [J]. 中国工业经济, 2008 (5): 46 - 56.

[30] 陈桢. 产业结构与就业结构关系失衡的实证分析 [J]. 山西财经大学学报, 2007 (10): 32 - 37.

Study on the Effect of Upgrading Industrial Structure of Revitalizing Northeast China

—Take Liaoning Province as an Example

Wang Qing   Liu Siliang

Abstract: Since the implementation of the policy of revitalizing Northeast China in 2003, the industrial structure of Liaoning Province has been continuously upgraded. This paper evaluates the role of the policy of revitalizing Northeast China in improving the industrial structure of Liaoning Province, such as industrial overcapacity, the slow development of the tertiary industry, the loss of regional advantages and so on, through empirical analysis, which helps the country to formulate more reasonable regional policies. In this paper, the synthetic control method is used to evaluate the effect of revitalizing northeast policy on the optimization and upgrading of industrial structure in Liaoning Province from two dimensions of rationalization and upgrading of industrial structure. The results show that the policy of revitalizing Northeast China has a significant effect on the optimization and upgrading of industrial structure in Liaoning Province. But in the long run, the industrial structure of Liaoning Province is still unbalanced. Therefore, we should use systematic thinking to guide the development of industrial structure in Liaoning Province by classification, and make strategic plans for the revitalization of Northeast China, so as to realize the all-round revitalization of Liaoning's old industrial base.

Keywords: transformation and upgrading of industrial structure　Liaoning old industrial base　revitalization of Northeast China

东北装备制造企业制造系统集成创新模式研究[*]

——以 Z 公司为例

李 飒 王 波 刘 鑫 吴丰光[**]

摘 要：创新可以分为原始创新和系统集成创新。加强关键技术创新和系统集成创新，实现技术跨越式发展，是推动高新技术产业发展的主要动力。在"振兴东北"重大战略实施过程中，东北要以改革精神振兴东北经济，以市场机制引领东北发展，以自力更生的精神重振老工业基地的雄风，要把主要注意力集中到提高思想认识和体制创新上，加强系统集成创新，推动高新技术产业发展，利用高新技术来带动传统工业的发展，走出一条中国特色的新型工业化道路。本文研究东北装备制造企业——Z公司实现制造系统智能化的改革过程，从集成创新模式的内涵、特点、构成要素以及工艺集成创新、管理集成创新和人机协作集成创新三种模式促进硬件加工系统、软件检测系统和上位调度系统三个制造子系统智能化的具体表现，得出集成创新模式可以帮助装备制造企业实现制造系统智能化的研究结论。

关键词：创新模式 集成创新 制造系统

---

* 基金项目：辽宁省经济社会发展研究课题：辽宁省物流业碳排放效率差异分析（2023lslqnkt－055）、辽宁省教育厅面上项目：基于装备制造业系统集成创新的信息化与工业化深度融合研究（LJKR0151）。本文系省社科联2023年度辽宁省经济社会发展研究课题研究成果；本文系中共辽宁省委党校研究阐释党的十九届六中全会精神专项招标项目"新时代推动经济高质量发展的实践和经验研究"阶段性研究成果。

** 作者简介：李飒（1987～），女，安徽宿州人，讲师，博士，研究方向：工业技术经济；王波（1985～），女，内蒙古牙克石人，副教授，博士，研究方向：国民经济管理；刘鑫（1985～），女，辽宁沈阳人，讲师，博士，研究方向：数量经济学；吴丰光（1979～），男，山东昌邑人，高级经济师，博士，研究方向：绿色金融。

一、研究背景与问题的提出

中国在迈向制造强国之路上绝大多数制造企业都面临着转型升级的重大任务，而制造系统集成创新无疑为此提供了良策妙计，是国内制造业转型升级的必然之路。

位于大连地区的 Z 公司拥有 50 多年的船用螺旋桨生产经验，是典型的新中国成立后建成的国有装备制造企业。该公司具备各种船用螺旋桨设计、制造和桨轴研配的生产能力。进入 21 世纪，公司进行了全面技术改造：新建铸造车间、数控加工车间和成品加工车间；引进了七轴五联动九米数控铣床和重型五轴数控落地镗铣床。目前，公司已开始批量生产直径 11 米左右、成品重量 100 吨左右的超大型集装箱船和超大型油轮（VLCC）螺旋桨，生产能力居世界前列。Z 公司新引进的磨削制造系统，是由 4 套工业机器人组成的磨削机器人工作站。这套系统成功地解决了之前大型船用推进器制造工艺过程中最后一个环节的关键问题——以工业机器人智能磨削替代原有产业工人手工铲磨，使原有的传统制造工艺实现了升级。

但与发达国家相比，Z 公司的磨削制造系统仍存在较大差距。首先，该系统的自主创新能力弱，表现为关键工艺技术对外依存度高，以制造工艺为主体的制造业创新体系不完善。其次，系统的资源能源利用效率低，具体表现为：一是系统的产品线结构不合理，国外高端数控机床和工业机器人的使用效率低下，而且能够使用的产品工况较少，无法实现柔性生产制造；二是各种设备运作之间存在"信息化孤岛"现象，要靠人工进行协作转换；三是废料回收利用率太低且环境污染问题较为突出。再次，全能专业技术人才匮乏，公司里能够操作使用高端设备的技术人员，技能单一，对定制化非标产品无从下手，人机协作能力较差。最后，信息化管理体系的不健全表现在：一是系统尚未建立有效的设备使用信息回馈和跟踪系统，表现为只购买了设备，没有购买配套的软件和服务；二是公司的生产制造厂无信息化管理体系，各生产部门之间仍依靠纸质文件交接转序，效率低下，流程不畅。

在此背景下，本文研究 Z 公司磨削制造系统集成创新模式的具体表现形式，通过介绍 Z 公司制造系统概况，诠释了 Z 公司船用推进器磨削制造系统智能化战略目标、战略任务和战略重点，为具体探讨该系统内部硬件加工子系统、软件检测子系统和上位调度子系统运用集成创新模式——工艺集成创新、管理集成创新和人机协作集成创新来实现智能化战略目标指明了方向。主要解决以下三个问题。

（一）硬件加工系统集成——工艺集成创新

硬件加工系统包括加工工艺、加工设备、工艺数据库等。Z 公司在设备引进上比较先进，但是在制造软实力——工艺流程方面还需要摸索研究。传统制造工艺已经不能满足现代化生产制造的需要，对它的变革是一个不断试错和纠偏的过程。通过工艺集成来改造传统工艺，要解决工艺之间如何集成的问题，按照工艺集成创新模式的构成要素进行集成。另一个要解决的问题是工序之间的有效衔接，通过工序流程创新来解决自动化工序之间的衔接问题。

（二）软件检测系统集成——管理集成创新

软件检测系统主要包括 3D 视觉检测系统、仿真离线编程系统、企业资源规划系统（ERP）和制造企业生产过程执行系统（MES）四部分。Z 公司的管理层没有先进制造的管理理念，因此，为构建软件检测系统，高薪引进专业人才组建研发团队进行软件开发与测试应用。软件检测系统是为硬件加工系统服务，以组织、协调、管理、控制生产制造的方方面面和整体过程。通过管理集成对各检测系统进行有效管理，包括检测系统内部管理、系统间协调配合管理，具体表现为机器换人后的新型制造模式管理、自动控制工序转换之间的制造流程管理、产品加工过程中的质量监测及反馈管理。

（三）上位调度系统集成——人机协作集成创新

上位调度系统主要是通过传感系统对"人、机、料、测"进行融合调度，以实现硬件加工设备和软件检测系统的有机协作。通过人机协作创新来实现。具体表现为传感系统人机协作、数字化制造过程中的人机协作和柔性化生产过程中的人机协作。要实现机器人长时间稳定工作，必须建立很多科学的工序制度和机器人操作规程。只有按既定的流程和规范的管理，才能真正实现机器人代替人的作用，而这是一个复杂的系统工程。通过自动化、智能化过程全部外包的形式无疑是很危险的，企业要建立自身的团队主持或者参与到自动化项目中，才是长久之计。而这些都需要借助上位调度系统来完成机器人系统工作站正常运转、机器与人协同工作等任务。

二、集成创新模式相关理论

（一）集成创新模式的内涵

1. 集成与集成创新

（1）集成创新的基本概念。概括而言，"集成创新"是美国高新技术企业在 20 世纪 90 年代创造出来的一种新的技术管理和生产组织方式，是创新主体将创新要素

（技术、战略、知识、组织等）优化、整合，将相互之间最合理的结构形式结合在一起，形成具有功能倍增性和适应进化性的有机整体，从而为企业商业创新和竞争优势创建一个新的管理秩序。

（2）系统集成创新的内涵。自主创新有两大类型，即原始创新和系统集成创新。系统集成创新是把已获得的新知识、新技术创造性地集成起来，以系统集成的方式创造出新产品、新工艺、新的生产方式或新的服务方式，以满足不断发展的新需求。它是一种创新，而且由于成本低、周期短、风险小，具有重大的经济价值，可以成为实现技术跨越的突破口。现在科技知识迅速膨胀，创新的进一步发展绝不仅仅是各门知识的简单堆砌，而是系统的集成，是更深入的开发、更高难度的创造。

2. 集成创新模式内涵

从集成创新的不同层面进行划分，Z公司磨削制造系统集成创新模式的内涵包括三大层面：工艺集成创新、管理集成创新和人机协作集成创新。具体介绍如下：

工艺是指劳动者利用各类生产工具对各种原材料、半成品进行加工或处理，最终使之成为成品的方法与过程。可见，工艺对于制造业而言，是极其重要和关键的要素。各单项工艺的重复排列组成工艺流程，形成特定的工艺集成技术。工艺创新，也称为过程创新，是指产品的生产技术变革。工艺集成创新，简单理解就是通过集成工艺的方法来实现工艺创新，具体而言就是在工艺流程中采用新的技术管理和生产组织方式实现产品的生产技术变革。

管理对于企业和组织的重要性不言而喻。管理集成是指在企业管理集成思想指导下，将实现企业目标所需要的各种资源有机地集成在一起，所形成的各种功能相互匹配、整体功能实现倍增（或涌现）、高度协调的有机整体。管理创新是指在特定的时空条件下，通过计划、组织、指挥、协调、控制、反馈等手段，对系统所拥有的生物、非生物、资本、信息、能量等资源要素进行再优化配置，并实现人们新诉求的生物流、非生物流、资本流、信息流、能量流目标的活动。管理集成创新，简单而言，即是指在组织或系统内部应用管理集成思想达到管理创新的目的。

人机协作，即是指人与机器协同工作、携手合作的一种作业模式。由人员控制并监控生产，而机器人则负责劳累的体力工作。两者发挥各自的专长，这是工业4.0的一个重要原则。在此模式中，机器人就是人的助手，辅助人去做劳累艰苦的工作（比如搬运、上下料等大量重复性工作）。人机协作给未来工厂中的工业生产和制造带来了根本性的变革。人机协作集成创新即是指应用集成创新的思想达成"人、机、料、测"的融合调度，最终实现系统内部或生产、制造、流通等过程中的人机协作的工作模式，从而大大提高作业效率。

3. 集成创新模式的特点

无论是西方，还是国内的学界与产业界，都认识到以"技术集成""系统集成"的集成创新模式是应对新形势下挑战的重要创新模式，企业集成创新在于创新的持续融合，通过并行的方法，在横向、纵向乃至把企业和产品生命周期各个组成部分的创新主体、创新要素、创新能力、创新实践、创新流程和竞争力集成起来，充分利用团队协作，形成开放、交互的创新系统和持续的核心竞争力，集成创新具有持续性、集成性、系统性和结构化的特征，能够为企业提供长期的竞争优势。

我国企业集成创新模式具有多样性和独特性，表现为不同企业的集成创新模式各有不同，例如昆船模式、海尔模式、东风模式、新科模式、SNRC 系统集成创新模式[①]等。这些不同的模式根源于不同的影响因素，例如行业特征、发展阶段、企业文化、企业内外环境等。这些独具特色的集成创新模式正是以各种创新（产品创新、工艺创新、组织创新、市场创新、战略创新、管理创新、文化创新、制度创新等）的有机组合与协同创新为手段，通过有效的创新管理机制、管理方法和管理工具，在长期探索、系统分析以及优化组合的基础上逐渐形成的。它们根植于所服务的企业，是特定企业文化土壤培育出的结晶，如同发达国家的技术经验一样，不能够简单地直接拿来复制使用，而要做到具体问题具体分析以及区别对待。Z 公司磨削制造系统集成创新模式最鲜明的特点体现在该系统内部的三个子系统——硬件加工子系统、软件检测子系统和上位调度子系统，正是通过上文中介绍的集成创新模式的内涵——工艺集成创新、管理集成创新和人机协作集成创新三者间的融合创新与协同创新实现了整个磨削制造系统的智能化改造升级任务。

（二）集成创新模式构成要素

由于我国企业各自拥有不同的集成创新模式，因此每种模式的具体构成要素也各有差异。针对 Z 公司磨削制造系统集成创新模式，从工艺集成创新、管理集成创新和人机协作集成创新以及三者的融合创新、协同创新来对该系统的三个组成部分——硬件加工子系统、软件检测子系统和上位调度子系统的集成进行具体论述。

工艺集成创新包含：加工设备工艺集成、工艺数据库集成。

---

① 孟翔飞（2013）在研究沈阳机床的系统集成创新模式中，引用复旦大学杨锐提出的分析集群创新的 NRC 框架，即网络—资源—能力框架，基于此模型基础，提出以政府支持为前提，面向市场的 SNRC 系统集成创新模式，突出了系统（System）的概念，尤其是经济社会环境系统，强调了集成创新、注重创新的融合，这种融合通过利用并行的方法把企业创新生命周期不同阶段、流程以及不同创新主体的创新能力、创新实践、创新流程和竞争力集成在一起，从而形成能够产生新的核心竞争力的创新方式，使创新理论上升到国家及区域的宏观层次。

管理集成创新包含：3D 视觉检测系统管理集成、仿真离线编程系统管理集成、企业资源规划系统（ERP）管理集成和制造企业生产过程执行系统（MES）管理集成。

人机协作集成创新包含：传感系统人机协作、数字化制造过程中的人机协作和柔性化生产过程中的人机协作。

工艺集成创新与管理集成创新的融合创新体现在：新型磨削工具与工业机器人控制节拍的匹配管理、工控系统新程序与制造主系统程序的耦合管理、3D 视觉检测系统融合创新、仿真离线编程系统融合创新。

管理集成创新与人机协作集成创新的融合创新体现在"人、机、料、测"的融合调度上。

综合 Z 公司磨削制造系统集成创新模式的内涵、特点及构成要素，如图 1 所示。

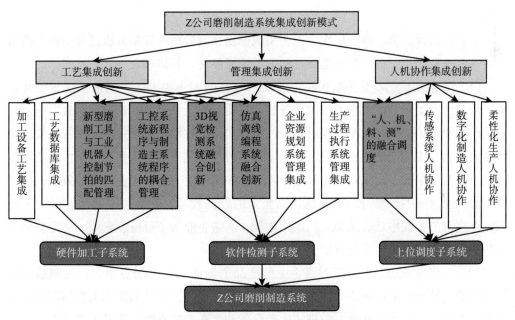

图 1　Z 公司磨削制造系统集成创新模式构成

（三）集成创新模式促进制造系统智能化

1. 工艺集成创新促进制造系统智能化

工艺集成创新是企业通过研究和运用新的方式方法和规则体系等，提高企业的生产技术水平、产品质量和生产效率的活动。企业工艺集成创新的过程大体可分为工艺集成研发阶段和工艺创新由研发环节转移或导入制造环节两个阶段。方法主要有：应用信息化手段、使用先进设备、使用集成技术、使用优化理论。

根据创新活动的目的及中心内容，工艺集成创新可分为以下类型：围绕提高产品质量等级的工艺集成创新；围绕减少质量损失率的工艺集成创新；围绕提高工业产品销售率的工艺集成创新；围绕提高新产品产值率的工艺集成创新；围绕节约资源、降低成本的工艺集成创新；围绕有益于环境的工艺集成创新。

工艺集成创新有三个层次：（1）源于企业发展战略的工艺集成创新，这是业界的发展趋势，如 Cell 生产（细胞生产）、LP（Lean Production 精益生产）、FMS（Flexible Manufacturing System 柔性制造系统）等；（2）源于产品创新的工艺实时集成创新，即产品研制阶段的工艺集成创新，其创新源于新产品设计时就有的生产技术瓶颈，主要为正在研制的产品服务，这一阶段的工艺集成创新更多的是利用现有技术进行二次开发；（3）源于批量生产阶段的工艺集成创新，目的是能够在大批量生产的同时，更好地保证产品质量，提高劳动生产效率，降低成本，实现企业的效益最大化。

不管是何种类型、哪个层次，工艺集成创新在制造系统转型升级过程中都发挥着关键性的核心作用，可以极大地促进制造系统智能化，具体表现为：

（1）工艺集成创新是不断提高企业经济效益的客观要求，为制造系统智能化提供资金来源。工艺技术水平不仅对企业的产品质量有至关重要的影响，而且影响着企业生产的物耗、能耗和效率。也就是说，企业的工艺技术水平直接决定着各种投入资源在生产过程中的变换效率，决定着企业经济效益的优劣。在企业工艺技术不变的情况下，尽管可以通过强化管理及其他手段，在一定程度上提高企业的经济效益，但这种可能性是有限的；要持续不断地提高企业的经济效益，就必须不断地开展工艺创新，在当前的实践中就表现为工艺集成创新。制造企业为了可持续发展，一定会将充裕的资金首先用在提高系统智能化水平上。

（2）工艺集成创新有利于提高企业的产品创新能力及市场竞争力，是制造系统实现智能化转型的关键核心。在企业的技术创新过程中，产品创新和工艺创新之间存在着很大的依赖性和交互性，先进的生产设备和生产工艺有助于降低生产成本、提高企业的劳动生产率，同时可以提高企业的产品质量，从而更好地推动产品创新成果的产业化、商品化，实现最大的效益。反之，如果工艺创新能力弱，企业生产设备陈旧，生产工艺落后，会导致企业产品创新因为生产工艺"瓶颈"而不能实现，或是因为效益差而缺乏应有的市场竞争力。例如，在医药生物技术领域，我国的上游基础研究仅比国际水平落后 3～5 年，在某些领域如转基因技术、干细胞技术等方面还处于世界先进水平，但是下游工艺水平却至少相差 15 年。上游研究成果转化为生物技术产品的寥寥无几，数据表明，两者的比例不超过 0.5%；我国有 80% 以上的科技研究成果没有被转化为生产，95％以上都没有实现产业化；又如，我国能够研发出原子弹、卫星、核潜艇和宇宙飞船，但一到批量生产，连奶粉、快餐、自行车都做不好。因此，工艺创新是提高企业的技术水平和产品创新能力的重要途径，是提高企业竞争力的必要手段。

（3）工艺集成创新可以延长企业创新的领先时间，为制造系统智能化保驾护航。新产品是一把双刃剑，一方面它开辟了新的市场，企业获得了高额回报；另一方面也吸引着大批的模仿者。企业一般采用专利来抵御这种迅速的进攻，但专利的保护具有时间性，专利失效后，产品在市场上就不再具有垄断性。同时有些专利技术到技术商品化的过程所需时间很长（比如新药的研制），许多专利在新产品生命周期的初期就已经失效。而工艺集成创新却可提供较为长期的保护，因为工艺集成创新的过程比较复杂，生产效率较高，模仿者在短期内无法企及，客观上存在一个模仿的时滞，制造技术的扩散速度要比产品技术慢，因此为企业制造系统智能化提供了时间保障和领先优势。

2. 管理集成创新促进制造系统智能化

管理创新按内容可以分为三个方面：管理思想理论上的创新；管理制度上的创新；管理具体技术方法上的创新。三者从低到高，相互联系、相互作用。企业管理创新，最重要的是在组织高管层面有完善的计划与实施步骤以及对可能出现的障碍与阻力有清醒认识，从而帮助企业主及 CEO 塑造此方面的领导能力，使创新与变革成为可能。

本文所研究的 Z 公司是一家拥有 50 多年船用螺旋桨生产经验的典型国有企业，在经历了最初的辉煌风光之后，由于体制机制和环境变化等原因，该公司在管理上逐渐暴露出许多问题，严重影响了公司的竞争力。因此，公司领导人痛定思痛后，决定改造制造系统，用信息化技术完成传统制造系统的转型升级，在这一过程中，管理集成创新的作用不容小觑，它既霸道地在宏观上把控整个系统的集成创新，又润物细无声地从微观层面渗入工艺集成创新和人机协作集成创新的每个角落，为制造系统智能化改造做出重要贡献。具体体现在：

（1）Z 公司为构建软件检测系统，高薪引进专业人才组建研发团队进行软件开发与测试应用，极大地促进了制造系统智能化。Z 公司磨削制造系统的软件检测系统主要包括 3D 视觉检测系统、仿真离线编程系统、企业资源规划系统（ERP）和制造企业生产过程执行系统（MES）四部分，以组织、协调、管理、控制生产制造的方方面面和整体过程。通过管理集成对各检测系统进行有效管理，包括检测系统内部管理、系统间协调配合管理，具体表现为机器换人后的新型制造模式管理、自动控制工序转换之间的制造流程管理、产品加工过程中的质量监测及反馈管理，极大地提高了该系统的智能化水平。

（2）管理集成创新辅助工艺集成创新和人机协作集成创新完成对硬件加工系统和上位调度系统集成的改造升级，为制造系统整体智能化提供管理支持。Z公司软件检测系统是为硬件加工系统服务的，通过工艺集成创新对硬件加工系统进行升级改造，其中新型磨削工具与工业机器人控制节拍的匹配管理和工控系统新程序与制造主系统程序的耦合管理也用到管理集成创新。上位调度系统集成创新中的"人、机、料、测"的融合调度也用到管理集成创新。

3. 人机协作集成创新促进制造系统智能化

Z公司制造系统中的上位调度系统主要是通过传感系统对"人、机、料、测"进行融合调度，以实现硬件加工设备和软件检测系统的有机协作。通过人机协作创新来实现这一目标，具体表现为传感系统人机协作、数字化制造过程中的人机协作和柔性化生产过程中的人机协作。要实现机器人长时间稳定工作，必须建立很多科学的工序制度和机器人操作规程。只有按既定的流程规范管理，才能真正实现机器人代替人的作用，而这是一个复杂的系统工程。

一些企业选择通过自动化、智能化过程全部外包的形式来完成这项系统工程，但这无疑是很危险的。企业要建立自身的团队主持或者参与到自动化项目中，才是长久之计。而这些都需要借助上位调度系统来完成机器人系统工作站正常运转、机器与人协同工作等任务。因此，人机协作集成创新极大地促进了制造系统智能化水平的提高。

总之，人机协作集成创新可以促进企业自身研发水平的提高，使企业真正实现自主创新，掌握核心技术，拥有知识产权而不受制于人，实现可持续发展，形成长久的竞争力。

4. 集成创新之间的融合创新促进制造系统智能化

集成创新模式所包含的工艺集成创新、管理集成创新、人机协作集成创新这三者之间并不是完全独立、互不相连的离散关系，而是可以根据企业实际需要进行两者或三者间优化、整合从而形成功能倍增性的最合理的新的技术管理和生产组织方式，来为企业服务，这种形式的结合就是融合创新、协同创新。Z公司磨削制造系统中的三个子系统之间并不是孤立存在的，而是像现代企业制度一样，各部门彼此之间是相互联系和联动的，这不仅体现在技术的共享和一脉相承上，还体现在管理、组织、战略、文化等一系列因素的相关性上。因此，各子系统在应用集成创新模式实现智能化战略目标的过程中也必然会因势利导、追求最优地利用不同集成创新之间的融合创新，来达到更好地促进制造系统智能化的目标。

三、Z公司制造系统及其智能化战略

（一）Z公司简介

Z公司具有50多年的船用螺旋桨生产经验，工艺先进，技术力量雄厚，检测手段完备。具备各种船用螺旋桨设计、制造和桨轴研配生产能力。主要产品有：大中小型定距式船用螺旋桨、调距桨部件以及各种铜合金铸件，产品出口几十个国家和地区，现已获得CCS、LR、DNV、ABS、NK、KR、BV、GL、RINA九个国家船级社的认可，1997年通过GB/T 19002—1994质量体系认证，2003年通过GB/T 19001—2000质量体系认证。

进入21世纪，公司进行了全面技术改造。新建铸造车间、数控加工车间和成品加工车间，引进了七轴五联动九米数控铣床和重型五轴数控落地镗铣床；购置了30吨、7吨双炉体中频感应电炉，10米数控双柱立车等生产设备；联合研制了100吨、30吨大型静平衡仪，$\Phi11m$、$\Phi8m$、$\Phi6m$大型数显螺距规等检测设备；自行研制了冒口切割、内孔加工等大型专用设备。目前，公司一次性总熔化能力达170吨。现已开始批量生产直径11米左右、成品重量100吨左右的超大型集装箱船和超大型油轮（VLCC）螺旋桨，生产能力和技术水平居世界前列。

（二）Z公司制造系统概况

Z公司主要生产船用螺旋桨，业务领域涵盖各种船用螺旋桨设计、制造和桨轴研配生产。Z公司制造系统的主要工作是应用感应电炉、浇注系统、大型数控机床等设备生产制造各种类型的船用螺旋桨，比如定距桨、可调桨等类型。

对于船用螺旋桨的生产过程，一般需要经历以下几个环节：铸模造型、浇铸金属、毛坯加工、成品检查、包装发运。各环节详细的工艺流程介绍如下：

铸模造型环节分为工艺准备和造型两个工艺流程。工艺准备是指产品投产前要进行的对产品图纸的审查和工艺性分析、拟定工艺方案、编制各种工艺文件、设计制造和调整工艺设备、设计合理的生产组织形式等这些工作的总称。针对螺旋桨制造的工艺准备流程而言，主要任务是确定螺距板的尺度，具体体现在等螺距螺旋桨和变螺距螺旋桨螺距板的计算。可以说工艺准备是整个生产加工过程得以顺利开展的有效前提和根本保障，在整个生产加工过程中起到非常重要的作用。造型是指将准备加工的材料按照需要加工的规格和尺寸进行形态上的创造，即将材料加工成所需要的螺旋桨叶形态，然后等待下一步的加工处理，这一步流程也是非常关键的，需要严格按照上一步的工艺文件和设计方案，利用调整好的工艺设备，按照事先准备好的生产组织形式得以完成。造型的标准与否直接关系到后续的浇注和加工流程是否可以顺利进行，也影响到成品的质量，因此也是比较耗时耗工的一个工艺流程。

浇注金属环节的工作就是浇注毛坯，是紧接着铸模造型环节之后进行的工艺流程。金属螺旋桨毛坯的浇注方法有顶铸法和底铸法两种：前者是将熔化的金属直接从冒口上方注入模腔；后者是在模腔最低点即桨毂下端引入金属液，是为了防止铸造时候出现如桨叶叶背出现氧化物和缩松现象等常见缺点。

毛坯加工环节是整个工艺流程的中间环节，也是最主要的核心环节，该环节的工作量巨大，耗时也最长，直接决定产成品的生产效率。具体而言，它包括螺旋桨加工环节和桨叶面加工环节两个部分，主要工艺流程涉及切冒口、做静平衡、桨叶面加工、端面及轴孔加工、平台划线、桨叶面抛光等。螺旋桨加工环节的工序为：（1）切掉浇口、冒口；（2）桨毂两端面和轴孔的加工；（3）插轴孔内的键槽；（4）刮削轴孔。加工时先切除桨毂两端的冒口、浇口等多余部分，造成桨毂前后的两个基准面，然后沿桨毂中心镗孔，在轴孔内插出键槽并刮削轴孔。桨叶面加工环节的工序为：（1）根据螺旋桨测量画出的桨叶轮廓线批凿掉多余的部分；（2）进行叶面的加工；（3）以叶面作为基准面进行叶背的加工，其具体流程是：在叶面加工后，以它作为基准面，重新测量桨叶厚度，并根据图纸要求来决定需要从叶背削除的金属层厚度，先钻孔，钻孔深度为加工掉的金属层厚度，根据钻孔的深度，铲出各切面形状曲线，然后沿桨叶径向除去多余的金属层；（4）做平衡实验。可见，桨叶面加工环节即是整个制造系统的磨削制造环节，该环节目前仍然是全人工作业，工作量大、耗时长，加工效率十分低下，直接影响到整个产品的生产效率。

成品检查环节是指对已经完工的产品进行例行检查的过程。检查有全部检查和样品抽查两种方式，主要是指对成品加工质量的检查，以确保产品确实完成了所有工艺流程以及加工过程质量合格，前者可以通过成品的各项测试来完成，后者则可以通过加工过程中的样本来实现。比如在螺旋桨加工环节，有一个镗孔的工艺流程，可以在车床或镗床上进行，某些大型桨也可以用自制的立式或卧式镗排加工，加工时一般都会准备样板或者样轴以检查加工质量。

包装发运环节即是指通过成品检查环节之后的合格成品，按照订单要求，进行包装和发运的过程。这是生产过程的尾声，却是物流环节的初始阶段，也是产品得以安装使用、发挥功能的前提。

为完成以上生产环节，Z公司的制造系统使用的关键设备有：30吨、7吨双炉体中频感应电炉，双浇注系统，DV4－1000光谱分析仪，30吨拉力实验机，五轴联动数控铣床，大型螺旋桨静平衡检测系统，标准铣头制造系统，数显螺距规检测系统，10米大型数控双柱立式车床，数控落地镗铣床。

　　尽管拥有这些先进的加工设备，Z公司的生产加工效率却不高，一些工艺的完成质量也并不理想，整个制造系统缺乏自主性和创新性，后续发展劲头不足，原因在于：一是从这些引进的国外先进设备可以看出，Z公司关键工艺技术对外依存度高，导致其制造系统的自主创新能力较弱，因此表现为整个系统缺乏活力和扩张力；二是从介绍的生产环节及各自工艺流程可以看出，这些高端数控机床设备的使用仅仅局限在个别工艺流程中，使用效率低下，能够使用的产品工况较少，而且还可以看出这些设备各自独立，无法连贯使用，其运作之间存在"信息化孤岛"现象，要靠人工进行协作转换，无法实现柔性生产制造，原因也在于该制造系统的生产线结构不合理，无法连贯使用生产设备，这些均导致该制造系统的资源能源利用效率低，间接导致购买设备投入的资金回收率低下，资金占用情况严重影响自主研发的有效开展。鉴于此种情况，Z公司的制造系统亟待转型升级。

　　生产过程五环节如图2所示。

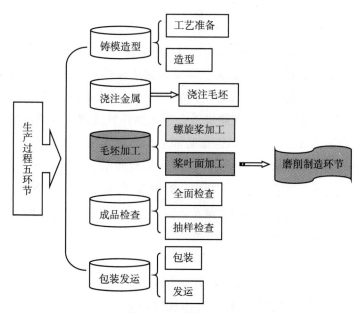

图2　Z公司制造系统生产过程五环节

（三）磨削制造系统智能化战略目标

　　从上文的论述中可见，磨削制造环节属于整个制造过程的核心部分，为缩短产品生产过程和提高产品生产效率，Z公司决定对自身的磨削制造系统进行智能化转型升级。从该系统的生产任务来看，其要实现的智能化战略目标具体包括：（1）螺旋桨叶面加工过程智能化；（2）螺旋桨叶背加工过程智能化；（3）螺旋桨桨毂两端面加工过程智能化；（4）机器扫描完成静平衡检验；（5）机器扫描完成缺陷检测；（6）叶面压花过程智能化。概括而言，就是通过人和机器组成一个加工制造平台的智能化系统，应用人机协作的方式来操作该系统，即通过工作人员操作智能磨削制造机器人来完成原来全靠工人自己完成的对船用螺旋桨的多种复杂的机械加工工艺和各类检测工作，例如铣削、磨削、去刀痕、平整、抛光、压花、静平衡检验、缺陷检验等。

可见，Z公司对其磨削制造系统的智能化改造就是对现代化加工设备的应用扩展，它是对生产线结构的一次合理优化，因为用机器取代人工必然会造成某些生产工艺的变革以及工序的改变，从而达到先进设备得以连贯使用、形成系统一体化的目的。用现代化的信息技术改造以前的简单机械加工作业，提高机器使用率和人机协作利用率，使得产品从数控机床下来后不用经人手去完成剩余的未加工作业，而是用磨削机器人取代人工进行作业，大大节约了作业时间，缩短了产品的生产周期，解放了部分劳动力，提高了产品生产效率和劳动生产率，最终提升了公司整体竞争力。

（四）磨削制造系统智能化战略任务

依据上文中介绍的战略目标，磨削制造系统智能化升级后的战略任务包括：（1）螺旋桨的工装、翻转及定位任务，即是指应用操作系统将经数控机床铣削大面后的镍铝青铜或锰铝青铜材质的螺旋桨半成品进行工装、翻转以及固定安装进生产区的操作台指定位置，等待下一步磨削机器人进入操作轨道进行各类磨削和检测作业。（2）智能磨削机器人加工任务，即是指智能磨削机器人进入特定操作轨道，按照设定好的软件程序进行桨叶面的各项铣削、磨削和检测作业，具体要完成以下各项任务：①替代手工铣削、磨抛；②完成叶尖、叶根及桨毂的铣削；③完成桨叶大面去刀痕、平整及抛光；④完成桨叶边缘去量及磨削；⑤完成桨叶加工精度检测；⑥完成静平衡检测；⑦完成缺陷检测；⑧完成叶面压花。

可见，该系统的战略任务主要集中在对于经数控机床铣削大面后的螺旋桨的剩余桨毂根部和桨叶边缘未加工的部分，应用磨削机器人取代全人工作业，完成剩下的铣削去除厚度为20毫米金属层的工作，具体铣削去量范围（估算）为：桨叶根部0.5米宽同心圆环；桨叶边缘0.15米宽同心圆环；桨毂及与桨叶过渡根部处。完成这部分主要任务后，不需要改变螺旋桨的位置和操作机器，直接由智能磨削机器人手臂上装有的扫描设备对之前磨削加工的桨叶部分进行加工完成后的合格测量，然后由人机协作完成静平衡检测。

（五）磨削制造系统智能化战略重点

Z公司磨削制造系统智能化战略重点具体体现为：在整个磨削加工过程中，实现的是全机器作业，包括对螺旋桨半成品不同部位实现不同磨削作业需要进行的频繁刀具转换、半成品需要加工部分的准确位置固定以及各项磨削作业之间的有效衔接等。这是对硬件加工系统、软件检测系统以及上位调度系统的全方位联动和整体化考验。

Z 公司对原来磨削制造系统所进行的智能化转型升级，成功实现了由工人机械磨削加工制造向操作机器人进行磨削加工制造的人机协作新方式转变的战略重点，变革了原有生产工艺和管理组织方式。可以说，这次变革是应用信息技术对传统工艺的全面改造和对传统管理方式的彻底颠覆。该系统智能化战略重点的实现具体体现在上文三种集成创新模式的应用上。

正如（二）所阐述的，实现磨削制造系统智能化战略重点所应用的工艺集成创新，集成了去毛刺、磨削、抛光、钻孔和倒角等复杂机械加工工艺，囊括了介绍的工艺集成创新的三个层次：（1）源于企业发展战略的工艺集成创新，由于应用了该磨削制造系统，对原来间断性使用设备的旧生产线进行了后续智能化工艺加工的合理补充，实现了部分精益生产（LP）和柔性制造过程；（2）源于产品创新的工艺实时集成创新，由于该系统是利用现有信息技术完成对已有机器人的二次开发，其应用解决了以前无法实现智能一体化磨削作业只能依靠人力间歇性操作的生产技术瓶颈；（3）源于批量生产阶段的工艺集成创新，该系统应用的目的正是能够在大批量生产的同时，更好地保证产品质量，提高劳动生产效率，降低成本，实现企业的效益最大化。

正如（二）所介绍的，实现了该系统智能化战略重点所应用的管理集成创新，集成了 3D 视觉检测系统管理、仿真离线编程系统管理、企业资源规划系统管理和制造企业生产过程执行系统管理，以及新型磨削工具与工业机器人控制节拍的匹配管理、工控系统新程序与制造主系统程序的耦合管理与"人、机、料、测"的融合调度管理等管理内容。实现了该系统智能化战略重点所应用的人机协作集成创新，是连接前两种集成创新的桥梁和纽带，正是通过人机协作才最终实现了工艺集成和管理集成融合创新的战略目标，从而使整个磨削制造系统得以完成智能化战略重点。这部分集成了传感系统人机协作、数字化制造过程人机协作和柔性化生产过程人机协作。

四、集成创新推动硬件加工系统智能化

（一）加工设备工艺集成

1. 加工设备简介

加工设备是硬件加工系统的核心关键所在，加工设备工艺集成对于推动整个硬件加工系统智能化至关重要。Z 公司磨削制造系统的加工设备由以下三个部分组成：

（1）桨叶安装工作台。负责硬件加工系统的桨叶安装部分（见图3），是将待打磨的螺旋桨通过螺旋桨工装放在组装平台上，等待机床铣削、加工定位孔等工艺作业。

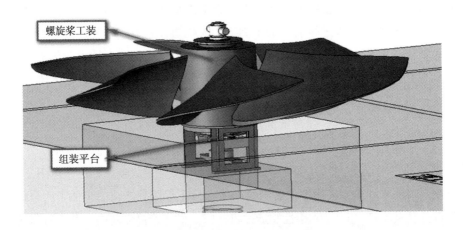

图3　桨叶安装工作台

（2）桨叶翻转工作台。是负责硬件加工系统的桨叶翻转部分（见图4），是将待打磨的螺旋桨通过螺旋桨工装、吊装螺母耳轴放在翻转支撑架上，等待工件工装、机器人铣削等工艺作业。

图4　桨叶翻转工作台

（3）桨叶加工工作台。是硬件加工系统的主体部分，负责机器人磨削部分，是将待打磨的螺旋桨固定在桨叶加工台上，应用磨削机器人、行走滑台、回转主轴箱、打磨工具、刀具库、视觉定位系统、除尘系统、控制系统来进行机器人磨削、静平衡检测及去重、缺陷检测及补修和桨面压花及人工后处理等工艺流程作业（见图5）。

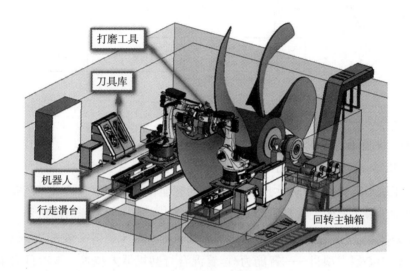

图 5　桨叶加工工作台

2. 工艺流程简介

硬件加工系统包含的工艺流程有：（1）机床铣削、加工定位孔；（2）工件工装；（3）机器人铣削；（4）机器人磨削；（5）静平衡检测及去重；（6）缺陷检测及修补；（7）桨面压花；（8）人工后处理。

其中，机器人铣削和机器人磨削是主要加工工艺，其工艺流程如图 6 和图 7 所示。

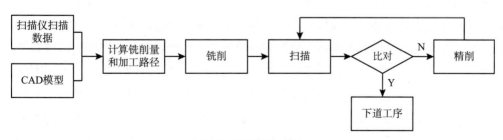

图 6　铣削工艺流程

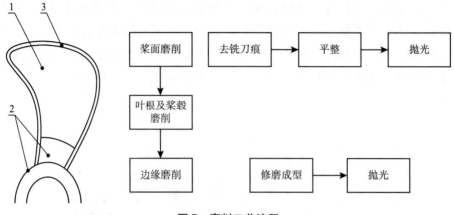

图7　磨削工艺流程

3. 加工设备工艺集成简介

Z公司磨削制造系统的加工设备是采用集成创新模式完成的智能化升级，安装、翻转和加工这三部分的工作台均是集成现有的智能化机械等信息技术工艺完成的自主创新。其中，最主要的关键自主创新体现在加工工作台中的智能磨削机器人的研制开发上。该系统所应用的这套智能磨削机器人的技术来源于德国汉诺威大学机电中心与新加坡制造中心研发项目——智能力/位置混合打磨机器人技术。该项目需求方为英国劳斯莱斯发动机公司，首期样机已完成并于2013年装配于劳斯莱斯生产线，首批装机20台，用于对飞机发动机上某些部位进行表面精加工。

智能力/位置混合打磨机器人技术要求对打磨的力度和打磨的位置均实现智能化操控。现代的工业机器人基本上都是通过单一的位置控制策略进行编程的。通常机器人手臂根据预编程的或者是"被教学"的路径在一个空间内进行运动，或者是通过一个外设的视觉辅助系统发出的参照位置信号进行运动。但在很多高端应用中，尤其是机械加工应用中，除了使机器人能够适应环境中的不确定因素，更重要的是对末端执行机构（刀具）实现精确的模拟人手形式的力控制而不只是简单的位置控制，即使机器人同时具有"视觉"和"触觉"。具有精确力/位置混合控制功能的工业机器人就能够实现多种复杂的机械加工工艺，例如去毛刺、磨削、抛光、钻孔和倒角等。当前所研制开发出来的打磨机器人只能对简单的几何形状进行外圆磨削、内圆磨削和平面磨削。未来的发展目标是开发用于对航空发动机叶片及其他零件、水上水下舰艇推进器叶片和燃气轮机叶片等难以自动化加工的大型复杂工件进行表面精加工的工业机器人。此精磨机器人能够达到较高的打磨精度并保证打磨的高度一致性，同时借助于机械手臂在三维运动空间内的高度灵活性，能够对人手难以造作的部位进行无障碍磨削。

（二）工艺数据库集成

加工设备要完成复杂的作业，必须有工艺数据库做支撑。硬件加工系统的三部分加工设备作业时均形成工艺数据，载入数据库。例如，铣削工艺中的铣削定位作业，即桨毂轴心与定位孔结合，分三个具体步骤：（1）扫描桨毂端面，确定桨毂标准面所在平面；（2）扫描桨毂边缘，利用边缘拟合出轴心；（3）扫描桨叶边缘定位孔，确定桨叶旋转角度。铣削完成后要进行测量扫描再进行磨削作业。还有，磨削工艺中的磨削定位作业，是利用线激光来测量。扫描线中心经过测距点，读取扫描线中心点的 Z 值即为扫描仪零点位置到测距点的距离，然后测量过程（见图8）。主轴回转箱作为主要部件要完成伺服电机驱动和编码器反馈。此外各项检测也都会形成数据库。

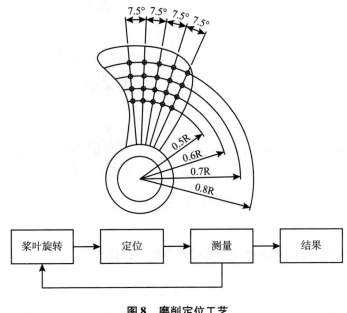

图8　磨削定位工艺

（三）新型磨削工具与工业机器人控制节拍的匹配管理

新型磨削工具与工业机器人控制节拍的匹配管理，属于硬件加工系统内桨叶加工作业，既应用工艺集成，也用到管理集成，属于二者融合创新的集成创新模式，是复杂的工艺作业内容。具体体现在集成了桨叶铣削、磨削定位等工艺，集成了后续机器人的操作管理以及机器人配合自动换刀的管理。

该磨削制造系统为机器人的刀具库配置了12把不同规格和尺寸的铣削和磨削

刀具（见图9）。要完成机器人根据不同工艺作业实现准确自动换刀的管理工作，具体来说，就是要计算好理论总加工节拍和工艺总加工节拍的时间，形成数据库，然后有一套精确完整的控制算法事先对机器人的总控系统进行编码，以达到新型磨削工具与工业机器人控制节拍的有效匹配管理，使机器人可以按照既定程序进行磨削作业。

铣削刀具		φ50 面铣刀	桨叶及桨毂铣削	磨削刀具		φ400 百叶片	桨叶大面去铣刀痕及平整

铣削刀具		φ50 面铣刀	桨叶及桨毂铣削	磨削刀具	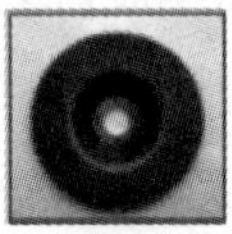	φ400 百叶片	桨叶大面去铣刀痕及平整
		φ30 球头铣刀	过渡 R 铣削刀具		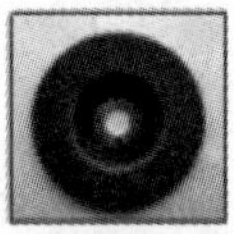	φ180 百叶片	桨毂去铣刀痕及平整
		φ160×4 三面刃铣刀	桨叶边缘切割			φ180 尼龙砂碟	抛光
		φ32 方肩铣刀	桨叶边缘铣削		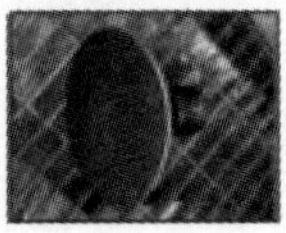	φ180 尼龙砂碟	压花

图9　新型铣削刀具和磨削刀具

（四）工控系统新程序与制造主系统程序的耦合管理

工控系统新程序与制造主系统程序的耦合管理属于硬件加工系统的作业，既应用到工艺集成，也应用到管理集成，属于二者融合创新的集成创新模式。两个系统之间的有效配合衔接是技术关键。两种集成赋予工控系统的主要功能如下：（1）离线编程，即根据模型自动生成加工路径；（2）采用数控系统控制所有设备，实现协调一致；（3）机器视觉防止偏差累积；（4）编码器测量电机运动闭环控制，辅助视觉对工件进行定位；（5）机器人加工力度控制完成高品质磨削；（6）液压缸伺服控制，即采用比例伺服阀和磁致伸缩位移传感器，实现闭环控制；（7）利用工控机完成系统监控及操作；（8）数据归档，即对设备运行状态、加工信息进行存储。

其中，离线编程和采用数控系统控制所有设备是集成创新的技术突破点，代表两项重要的关键技术——执行模块和控制算法。

执行模块主要包括带有力反馈功能的三自由度机械手臂终端执行模块、具有高强度动态刚度的关节模块（连接手臂和终端执行模块）、闭环精密自行式底座。目前已有的力/位置控制手臂终端模块都只有一个自由度，他们只具有非常有限的力学反映，无法有效地执行去料等工艺过程。而 Z 公司硬件加工系统采用工艺集成创新的模式，引用一套具有三个自由度的终端模块，这样的设计能够极大地提升去料操作的效率和精度，在力控制自由度、力反馈分辨率、重复定位精度和加工精度方面都有明显的优势。从硬件角度解释，该系统核心的竞争力是三自由终端模块。此模块由力传感器、直线驱动马达和柔性机构等关键部件组成。终端模块本身能够根据反馈力信号的大小调整驱动力保证以恒力接触工件表面，而非 ABB[①] 式地调整磨轮转速，采用音圈马达而非 PuchCorp[②] 式的液压马达，可大大提高相应速度和分辨率，同时三自由度结构能够用于纠正机械手臂本身的定位误差。

控制算法是指具有能够实现共分辨率、高精度的力/动态混合控制策略。正是由于这些集成创新，使得工控系统新程序与制造主系统程序的耦合管理成为可能。

五、集成创新推动软件检测系统智能化

（一）3D 视觉检测系统融合创新

3D 视觉检测系统是应用目前世界上最先进的 3D 技术来构建机器视觉检测系统。它的成像子系统相当于由一排点激光测距仪组成，来获取被测物的截面数据，分析子系统通过与运动系统编码器同步获取的一组截面数据重构整个被测物的三维信息。

3D 视觉检测系统是软件检测系统中服务于硬件加工系统，用于铣削、磨削作业，静平衡检测及去重，缺陷检测及修补等工艺的重要系统，该系统硬件最高支持到微米级精度。以前的检测全部靠人工来计算完成，效率低下、准确率难以保障，也拖慢了整个硬件加工系统的工作效率。

在集成原来视觉检测技术和系统管理的基础上，采用技术上的工艺集成创新和系统上的管理集成创新的集成创新模式，一方面可以利用机器视觉来防止偏差累积，从

---

① ABB 是电力和自动化技术领域的领导厂商。ABB 发明、制造了众多产品和技术，其中包括全球第一套三相输电系统、世界上第一台自冷式变压器、高压直流输电技术和第一台电动工业机器人，并率先将它们投入商业应用。ABB 拥有广泛的产品线，包括全系列电力变压器和配电变压器，高、中、低压开关柜产品，交流和直流输配电系统，电力自动化系统，各种测量设备和传感器，实时控制和优化系统，机器人软硬件和仿真系统，高效节能的电机和传动系统，电力质量、转换和同步系统，保护电力系统安全的熔断和开关设备。是本领域目前市场上最有竞争力的产品生产商。

② 也是本领域目前市场上具有竞争力的产品生产商。

而达到预测精度的目的；另一方面可以极大地提高磨削加工作业的工作效率，具体应用于以下加工环节：（1）铣削前进行叶片和桨毂的定位扫描；（2）铣削后磨削前进行测量扫描；（3）加工完成后合格测量；（4）静平衡检测；（5）缺陷检测。

（二）仿真离线编程系统融合创新

仿真离线编程系统是软件检测系统的重要组成部分，直接服务于硬件加工系统，该系统的优良与否直接关系到加工系统的加工效率如何。Z 公司引进的磨削制造系统，在离线编程方面取得了集成创新的关键技术突破，即为了使磨削机器人能够实现多种复杂的机械加工工艺，例如铣削、磨削、抛光、平整、钻孔、压花等，该智能磨削机器人可以对难以自动化加工的大型复杂工件进行表面精加工，能够达到较高的打磨精度并保证打磨的高度一致性，在集成现有商业化工业机器手臂管理平台的基础上，实现了控制算法的技术突破以及管理系统的难点突破。

控制算法是指具有能够实现共分辨率、高精度的力/动态混合控制策略。从控制和用户界面的角度解释，就是该工控系统拥有一套可以"增强现实自学习和自编程"功能的人机交互界面。此功能相比目前 ABB 所应用的"手把手示教""路径学习"方式可大幅缩减编程时间，解放操作人员，使任何人只要按照操作界面上的流程操作提示即可完成编程工作。对于结构复杂又缺乏相对应 CAD 图纸的工件，此套系统会实现目前市场上任何商业产品无法实现的自动路径生成。

如此一来，不仅在技术上成功完成了智能磨削机器人的操作软件系统，使其可以真正实现智能化无人操作，而且还在系统的管理上大大节约编程时间，解放了部分劳动力，极大提高了机器人作业的效率乃至整体生产效率和管理效率。

（三）企业资源规划系统管理集成

企业资源规划（enterprise resource planning，ERP）是指建立在信息技术基础上，集信息技术与先进管理思想于一身，以系统化的管理思想，为企业员工及决策层提供决策手段的管理平台。企业资源规划系统属于集成化管理信息系统，该系统的特点就是集成性、先进性、统一性、完整性、开放性。具体表现在企业内部管理所需的业务应用系统，即财务、物流、人力资源等核心模块的管理上，是一个在全公司范围内应用的、高度集成的系统。

Z 公司磨削制造系统也拥有自己的企业资源规划系统，其最大特色便是整个系统内信息的整合，比传统单一的系统更具功能性。采用模块化的设计方式，便于自由组合，提升企业的应变能力。将原先分散在企业各角落的数据整合起来，使数据得以一致性，并提升其精确性。在整合的环境下，企业内部所产生的信息透过系统将可在企业任一地方取得与应用，ERP 系统将使部分间横向的联系有效且紧密，使管理绩效提升。

可见，ERP 系统本身就是管理集成化的产物，也是企业可持续长久发展的必然选择。Z 公司应用管理集成创新构建了属于自己的 ERP 系统，不仅用于软件检测系统集成，还对硬件加工和上位调度系统集成提供助力。总之，管理集成创新的思想渗透到系统乃至公司的每个角落，为制造系统智能化提供组织和管理支持。

（四）制造企业生产过程执行系统管理集成

制造执行系统（manufacturing execution system，MES）是美国 AMR 公司（Advanced Manufacturing Research，Inc.）在 20 世纪 90 年代初提出的，能够帮助企业实现生产计划管理、生产过程控制、产品质量管理、车间库存管理、项目看板管理等，提高企业制造执行能力的管理系统。MES 可以实时监控底层设备的运行状态，采集设备、仪表的状态数据，经过分析、计算与处理，触发新的事件，从而方便、可靠地将控制系统与信息系统联系在一起，并将生产状况及时反馈给计划层。随着物联网的影响范围和对象越来越大，MES 将对更多的"人、机、料、法、环"的信息进行闭环处理，从而使采集、传输、分析、控制得到巨大的提升。

对于制造企业而言，加工制造是企业的核心竞争力所在，因此 MES 系统的重要性也不断增加。Z 公司应用管理集成创新对原来信息化水平低下的制造企业生产过程执行系统改造升级，具体体现为新的生产工艺所导致的新的产品线结构、机械设备与智能化设备的一体化应用、生产过程中的智能操作系统等，这些应用均可以大大提高生产效率，缩短生产周期，带来企业整体竞争力的提升。

六、集成创新推动上位调度系统智能化

（一）"人、机、料、测"的融合调度

上位调度系统是 Z 公司为了实现人机交互的智能工厂①目标，应用人机协作集成创新模式构建的用于综合调度劳动力、生产对象、生产资料的智能化信息调度系统。

---

① 智能工厂是以数据为中心，自动化控制、生产调度优化、资源计划管理三者融合的智能制造过程控制管理。它是在数字化工厂（利用现代数字制造技术和计算机仿真技术对整个生产过程进行仿真、评估和优化）的基础上，利用物联网技术和监控技术加强信息管理服务，提高生产过程可控性、减少生产线人工干预，以及合理计划排程。同时，集初步智能手段和智能系统等新兴技术于一体，构建高效、节能、绿色、环保、舒适的人性化工厂。其本质是人机交互。

其中，"人、机、料、测"的融合调度是基础，也是关键。"人、机、料、测"的融合调度，简单说就是对于工人、机器设备、物料以及软件测度系统所进行的融合调度活动，这一活动与加工生产息息相关，因此要求达到精确化的目标，需要应用信息化升级上位调度系统，具体表现为桨叶加工生产过程中，工人对智能磨削机器人的操作调度等人机协作作业，如工人操作智能磨削机器人进入行走滑台进行磨削作业、操作智能磨削机器人更换刀具、对物料的综合调度应用、操作磨削机器人的软件检测系统完成检测作业等，这些都需要上位调度系统的协调。

（二）传感系统人机协作

机器人传感系统是机器人与外界进行信息交换的主要窗口，机器人根据布置在机器人身上的不同传感元件对周围环境状态进行瞬间测量，将结果通过接口送入单片机进行分析处理，控制系统则通过分析结果按预先编写的程序对执行元件下达相应的动作命令。机器人的传感系统包括视觉系统、听觉系统、触觉系统、嗅觉系统以及味觉系统等。这些传感系统由一些对图像、光线、声音、压力、气味、味道敏感的交换器即传感器组成。

机器人的准确操作决定于对其自身状态、操作对象以及作业环境的正确认识，这完全依赖于传感系统。传感系统相当于人的感觉功能，机器人的传感系统按照功能可以分为内部传感系统和外部传感系统两部分：内部传感系统用于检测机器人自身状态，如检测机器人机械执行机构的速度、姿态和空间位置等；外部传感系统用于检测操作对象和作业环境，如机器人抓取物体的形状、物理性质，检测周围环境中是否存在障碍物等。

Z公司所引进的磨削制造系统依赖于智能力/位置混合打磨机器人技术，因此该智能磨削机器人的传感系统实现了"视觉"和"触觉"传感，可以兼顾打磨力度和打磨位置的要求。此系统还实现了人机交互界面和超声辅助加工两项关键技术突破：人机交互界面将具有自学习和自编程的功能，通过设计快速和自主编程的策略来减少工艺流程编排的时间和难度；超声辅助加工模块将实现对航空复合材料的表面精加工，并大幅提高磨削工具的使用寿命。传感系统的调度离不了人机协作，其调度作业依赖于执行模块技术，从硬件角度解释，系统核心的竞争力是三自由终端模块。此模块由力传感器、直线驱动马达和柔性机构等关键部件组成。终端模块本身能够根据反馈力信号的大小调整驱动力保证以恒力接触工件表面，可大大提高相应速度和分辨率。同时，三自由度结构能够用于纠正机械手臂本身的定位误差。

（三）数字化制造过程中的人机协作

数字化制造指在数字化技术和制造技术融合的背景下，并在虚拟现实、计算机网络、快速原型、数据库和多媒体等支撑技术的支持下，根据用户的需求，迅速收集资源信息，对产品信息、工艺信息和资源信息进行分析、规划和重组，实现对产品设计和功能的仿真以及原型制造，进而快速生产出达到用户要求性能的产品的制造全过程。

Z 公司磨削制造系统中的数字化制造过程，即根据所形成的数据库编制控制算法、依循相应执行模块技术，通过人机协作进行的各类加工作业。具体表现为：在此过程中，将机器人自主运行路径所形成的数据库信息转变为可以度量的数字、数据，再以这些数字、数据建立起适当的数字化模型，把它们转变为一系列二进制代码，引入计算机内部，进行统一处理来实现对一切声音、文字、图像和数据的编码、解码。人机协作在此制造过程中的实现可以完成机器人规划路径的不断优化和实时调整。

（四）柔性化生产过程中的人机协作

所谓柔性生产即通过系统结构、人员组织、运作方式和市场营销等方面的改革，使生产系统能对市场需求变化作出快速的适应，同时消除冗余无用的损耗，力求企业获得更大的效益。计算机及自动化技术是柔性生产的物质技术基础。柔性生产是全面的，不仅是设备的柔性，还包括管理、人员和软件的综合柔性。

Z 公司所实现的柔性化生产过程是指主要依靠有高度柔性的以计算机数控机床为主的制造设备来实现多品种、小批量的生产方式。这是一种适应市场需求多变和市场竞争激烈而产生的市场导向型的按需生产的先进生产方式，其优点是增强制造企业的灵活性和应变能力。

在此生产过程中应用人机协作来实现磨削制造系统的各种机器人磨削作业，通过后台人员与机器的协同操作，完成柔性化生产任务，缩短产品生产周期，提高设备利用率和员工劳动生产率，改善产品质量。

七、研究结论与展望

（一）研究结论

本文研究 Z 公司磨削制造系统集成创新模式的具体表现形式，从集成创新模式的内涵、特点、构成要素以及工艺集成创新、管理集成创新、人机协作集成创新和三者间融合创新几种集成创新模式促进制造系统智能化的具体表现等方面进行相关理论的论述。论文通过介绍 Z 公司制造系统方面的概括，从硬件加工系统、软件检测系统、上位调度系统三部分进行简介［制造系统总体来说包含加工设备、传感系统、3D 视觉检测系统、仿真离线编程系统、企业资源规划系统（ERP）、制造企业生产过程执行系统（MES）、工艺数据库等内容]，诠释了 Z 公司船用推进器磨削制造系统智能化战略目标、战略任务和战略重点，为探讨集成创新模式推动硬件加工系统、软件检测系统和上位调度系统智能化的具体内容指明了方向。磨削制造系统内部的这三个子系统的智能化升级正是由工艺集成创新、管理集成创新、人机协作集成创新以及集成创新间的融合创新所推动。

本文通过论述 Z 公司磨削制造系统的集成创新模式——工艺集成创新、管理集成创新、人机协作集成创新以及集成创新间的融合创新的具体表现，充分说明了集成创新对于当前企业自主创新，提升竞争力的重要作用和现实意义，总结出可供其他企业借鉴的成功模式及具体经验，有利于推动制造系统集成创新实践的发展，进一步推进工业结构转型升级。本文的研究结论希望可以给当前处于转型升级过程中的我国制造企业提供借鉴和帮助。

（二）研究展望

集成创新是当前我国企业应对第三次工业革命和第六次科技革命，提升自身竞争力水平，完成转型升级的有效途径和必然趋势。对于集成创新的模式，还有待进一步深入地扩大研究范围，针对不同行业分析得出不同的结论，更好地指导其他企业的集成创新实践活动，相信会有更多企业加入集成创新的大潮中。

参 考 文 献

［1］Benefits of management systems integration：A literature review ［J］. *Merce Bernardo，Alexandra Simon，Juan José Tarí，José F. Molina – Azorín. Journal of Cleaner Production*，2014（9）：22 – 26.

［2］Integration of management systems as an innovation：A proposal for a new model ［J］. *Merce Bernardo. Journal of Cleaner Production*，2015（8）：89 – 92.

［3］Determinants of online booking loyalties for the purchasing of airline tickets ［J］. *Josep Llach，Frederic Marimon，María del Mar Alonso – Almeida，Merce Bernardo. Tourism Management*，2016（10）：53 – 36.

［4］Chorng S Poyen C. Information technology capability-enabled performance，future performance，and value ［J］. *Industrial Management & Data Systems*，2013，113（5）：169 – 196.

［5］Doordarshi S，Jaspreet S O，Inderpreet S A. An empirical investigation of dynamic capabilities in managing strategic flexibility inmanufacturing organizations ［J］. *Management Decision*, 2013, 51 (7): 144 – 151.

［6］李卫东. "工业 4.0" 对推进 "中国制造 2025" 的启示 ［D］. 外交学院, 2017.

［7］张铮. 高技术产业发展中的系统集成创新分析 ［J］. 学术探讨, 2016, 32 (10): 99 – 100.

［8］王剑芳. 工业园区集成创新系统演化发展研究 ［D］. 昆明理工大学, 2014.

［9］王友发, 周献中. 国内外智能制造研究热点与发展趋势 ［J］. 中国科技论坛, 2016, 4 (4): 154 – 160.

［10］郭亮. 面向集成创新的企业技术集成能力作用机理及演化提升研究 ［D］. 哈尔滨工业大学, 2015.

［11］张铁. 工业机器人及智能制造发展现状分析 ［J］. 机电工程技术, 2014 (4): 1 – 3, 8.

［12］杜人淮. 军民融合装备智能制造系统及其构建——基于制造全产业链视角 ［J］. 现代经济探讨, 2017 (5): 5 – 10.

［13］左延红. 现代制造系统的研究现状及发展趋势 ［J］. 现代制造工程, 2014 (4): 132 – 136.

［14］马铸. 企业智能化制造体系构建与实施 ［J］. 工程机械与维修, 2014 (4): 84 – 86.

［15］王林秀, 李志兰, 余慕溪. 基于集成创新的大型煤炭企业集团资源系统开发研究 ［J］. 资源开发与市场, 2016, 32 (6): 646 – 651, 678.

［16］布超. 我国高速铁路技术创新路径研究 ［J］. 科研管理, 2012, 11 (30): 89 – 132.

［17］姜铸, 张永超, 刘妍. 制造业组织柔性与企业绩效关系研究——以服务化程度为中介变量 ［J］. 科技进步与对策, 2014, 31 (14): 80 – 84.

［18］范志刚, 吴晓波. 动态环境下企业战略柔性与创新绩效关系研究 ［J］. 科研管理, 2014, 35 (1): 1 – 8.

Research on the Integrated Innovation Mode of Northeast Equipment Manufacturing Enterprises

—Take Z company as an example

Li Sa　Wang Bo　Liu Xin　Wu Fengguang

Abstract：Innovation can be divided into original innovation and system integration innovation. Strengthening key technology innovation and system integration innovation and realizing technological leap-forward development are the main driving forces for the development of high-tech industries. In the process of implementing the major strategy of revitalizing the Northeast, the Northeast should revitalize the Northeast's economy with the spirit of reform, lead the development of the Northeast with the market mechanism, revive the glory of the old industrial base with the spirit of self-reliance, and focus on improving ideological awareness and institutional innovation. On the one hand, strengthen system integration innovation, promote the development of high-tech industries, use high-tech to drive the development of traditional industries, and embark on a new path of industrialization with Chinese characteristics. This paper studies the reform process of the Northeast equipment manufacturing enterprise – Z Company to realize the intelligentization of the manufacturing system, and promotes hardware processing from the connotation, characteristics, constituent elements of the integrated innovation model, and three modes of process integration innovation, management integration innovation and human-machine collaboration integration innovation. The specific performance of the three manufacturing subsystems of the system, the software detection system and the upper-level scheduling system is intelligent, and the research conclusion that the integrated innovation mode can help the equipment manufacturing enterprises to realize the intelligentization of the manufacturing system is obtained.

Keywords：innovation model　integrated innovation　manufacturing system

东北老工业基地特殊性分析与转型路径[*]

徐逸超　张凯赫[**]

摘　要： 东北老工业基地作为我国较早陷入衰退的老工业基地，其转型困境既表现出老工业基地转型的普遍性问题又与自身的特殊性相关，因此在此基础上需要从既有理论与现实实践两个视角开展分析与解读。本文首先对当前主流的老工业基地转型理论进行总结论述；其次，利用案例分析法和文献研究法对德国鲁尔区、美国底特律和日本北九州转型实践进行分析，概述不同类型老工业基地转型的研究成果；再次，结合东北老工业基地实际情况进行特殊性分析；最后，结合国际案例的普遍性规律与东北老工业基地的特殊情况，从产业结构、体制机制、资源整合三个视角提出新发展阶段下东北老工业基地转型的实践路径。

关键词： 老工业基地　产业结构　体制机制　资源整合

老工业基地转型是个世界性问题，国际老工业基地转型已积累了成型的经验。但东北老工业基地具有特殊性，其转型路径与国际经验既有相同性，又有独特性。把握一般规律，进行特殊性分析，对于在新发展阶段实现东北老工业基地转型具有重要意义。

---

* 基金项目：国家社会科学基金重大项目"东北老工业基地重大体制机制问题及对策研究（17ZDA060）阶段性成果。

** 作者简介：徐逸超（2000～），男，福建泉州人，辽宁大学经济学院硕士研究生，研究方向：规制经济、经济体制改革。张凯赫（1998～），男，黑龙江牡丹江人，辽宁大学经济学院硕士研究生，研究方向：宏观计量分析。

一、老工业基地转型的理论分析

（一）锁定效应与路径依赖

新制度经济学认为经济体中制度变迁是推动经济增长的关键核心变量，新制度经济学家提出了"锁定"和路径依赖理论来解释老工业基地的持续性衰退和转型的困难。

诺斯将生产技术上的路径依赖理论纳入制度变迁的分析之中；他认为制度变迁具有规模报酬递增的趋势，在非完全竞争的市场环境下，内部的制度变迁规模报酬递增优势随着垄断产业规模的扩大和垄断程度的加深而逐步凸显，导致制度变迁朝着原有的路径不断加强，甚至将经济锁定在无效率的环境中（North D C，1994）[1]。老工业基地在发展过程中因规模效应和区域资源优势演化出对工业或某一产业的扶持政策，并逐渐形成单一产业的区域垄断，在制度变迁的过程中陷入对原有制度的路径依赖之中，且陷入了经济上的锁定（Arthur W B，1989）[2]。并在经济锁定的基础上提出了"政治锁定"和"认知锁定"，在长期制度的路径依赖的强化过程中老工业基地形成了庞大的利益集团，为了保障自身在现有制度变迁路径上的利益，内部的制度设计则不可避免地陷入"政治锁定"和"认知锁定"，使得原有制度依赖路径进一步强化（方朝晖，1994）[3]。

新制度经济学视角下老工业基地转型的实质则为破除老工业基地制度路径依赖和锁定效应。对此，新制度经济学家主张对老工业基地采取制度创新实现老工业基地的"解锁"。新制度经济学家认为制度创新是制度在不断调整下接近于帕累托最优的过程，是一种正向化的制度变迁。而对不同老工业基地的不同情况，发展经济学家提出了诱制性和强制性的创新模式和渐进型与激进型的创新路径（林毅夫，1994）[4]。

（二）产业生命周期理论与生产专业化

在产业经济学的分析框架中主导产业是经济增长的关键与核心，经济增长的实质在于主导产业的增长。因此，老工业基地的经济衰退实质上是主导产业的衰败，而老工业基地的转型则是进行产业转型和替换。

产业生命周期是由高特和克莱帕将产品生命周期理论应用于产业发展过程中分析得出的经济理论，产业生命周期存在创新、发展、成熟、衰老四个阶段，并且产业的生命周期是由该产业所生产的产品的生命周期所决定，产品的生命力决定着产业生命周期的长度（Michael Gort，Steven Klepper，1982）[5]。产业生命周期事实上取决于产品的需求和质量，反映的是区域产业的创新能力与技术水平。老工业基地主导产业创新能力的衰减导致其产品在市场竞争中丧失优势，进而使得主导产业陷入衰退，并将衰退蔓延至整个产业链，最终引发经济衰退。此外，克鲁格曼等学者提出生产专业化解释这一问题。克鲁格曼认为，老工业基地内部存在着主导产业生产规模不断扩大的趋势，进而形成了单一产业过度专业化，这一结构下老工业基地抵抗风险能力严重不足，一旦主导产业进入衰退或受到外部市场冲击，老工业基地缺乏足够的能力进行应对（Krugman Paul，1997）[6]。

老工业基地陷入衰退是其主导产业衰退和产业结构刚性的外在表现。因此在产业经济学家的分析框架中，针对老工业基地的产业转型问题提出了再工业化、新工业化、服务业化和多种模式组合的解决路径（刘向丽、盛新宇，2018）[7]。此外，产业经济学普遍格外重视老工业基地转型的产业政策，并对于不同转型阶段的不同产业政策提出了不同的建议和要求（汪斌，2019）[8]。

（三）新结构经济学的分析

新结构经济学认为经济体的结构及其结构转型是内生的，而经济增长的本质在于经济体结构的转变，而增长的关键在于把握经济体内部动态的比较优势并随之不断进行产业升级以实现经济体结构的转型（林毅夫，2013）[9]。

老工业基地经济陷入长期增长停滞的原因在于忽视自身要素禀赋结构改变下内部比较优势的改变，违背了遵循比较优势发展相应产业的规律，错过了产业升级的时机（林毅夫，2017）[10]。老工业基地在其发展初期因禀赋优势形成比较优势，进而发展起与之结构相适应的工业产业，但随着经济发展要素禀赋持续发生着消耗与积累，经济体的要素禀赋结构则随之改变；一旦老工业基地在不符合潜在比较优势的情况下开展生产，将导致其要素使用成本的提高进而丧失市场竞争力。此外，其内部产生的腐败、资源价格波动和制度成本等问题，共同导致老工业基地陷入经济衰退（林毅夫，2017）[11]。

在新结构经济学视角下，老工业基地转型的关键在于发现不同老工业基地自身经济体内部当前的比较优势，并将资源要素从附加值较低的产业转移到附加值高的产业中去进行资本和技术的爬升以形成新的比较优势产业，同时主张老工业基地的转型过程政府应开展市场建设、基建更新、财政支持等方面的措施（林毅夫，2011）[12]。

（四）区域资源整合的刚性化

区域经济学家则采用刚性化的资源整合方式理论来解释老工业基地经济增速放缓的问题。刚性化的资源整合是指在区域经济发展过程中，区域经济过度依赖某种单一要素资源，在刚性的资源整合下的老工业基地大多表现为单一产业发展下的结构刚性，导致产业结构的转型缓慢（尹牧，2012）[13]。

这一理论注意到了老工业基地的形成过程对后续经济发展的深远影响。老工业基地在发展之初大多是基于自身资源优势发展工业，并在过程中形成了刚性的资源整合模式，进而形成了静态的单一产业结构。一旦受到如资源枯竭、政策取消、市场萎缩等经济冲击，稳定的区域经济结构将被破坏。而长期的单一结构导致老工业基地难以寻找新的资源整合方式，对抗风险的能力被弱化，使得其区域经济陷入长期停滞（杨嚣，2004）[14]。

老工业基地转型的核心为寻求新的区域资源整合方式。区域经济学家提出采用多维度资源整合和培育性资源整合两种模式：多维度资源整合模式下即在多维视角下全面评估老工业基地现有资源并进行重新规划开发以降低转型成本实现区域协调发展；而培育性资源整合则主张对老工业基地的贫瘠资源开展外部吸纳和内部培育以改善其刚性资源依赖的局面，并以此提高老工业基地的抗风险能力，实现长期繁荣（姜威，2010）[15]。

二、国际老工业基地转型实践与启示

（一）德国鲁尔区：资源优势丧失下创新转型的典范

1. 鲁尔区的转型实践

鲁尔区位于德国中西部，是欧洲重要的煤炭、钢铁生产基地。20世纪60年代，随着世界的能源重心发生转变，更为廉价的石油、核能冲击煤炭产业。同时，由于钢铁冶炼技术的进步，钢铁与煤炭之间的生产连接被大大削弱，鲁尔区流失大批钢铁企业。鲁尔区在煤炭危机和钢铁危机下陷入长期经济停滞。

（1）再工业化时期。德国政府意识到此次危机并非短期经济波动。在此阶段，鲁尔区通过失业救济、改造传统工业和完善基建来实现"再工业化"。

鲁尔区将转型重心放在现有支柱产业升级上。为了应对外部市场冲击，政府对于区域内的煤钢企业提供全国性消费补贴。同时成立鲁尔煤矿公司，通过合并谋求规模效应和生产技术升级。鲁尔区兴建了长度近1万千米的铁路线、6条航运河道和600千米的高速公路，构筑了完善的交通运输体系（吴佳恒，2019）[16]；并通过关停污染企业、填埋整治废弃矿产等方式治理污染。此外，鲁尔区改变了"鲁尔需要肌肉而不是脑子"的观念，兴建了多所高等学府以适应转型需求。

（2）新工业化时期。随着再工业化的完成，鲁尔城市联盟成立并推出《鲁尔行动计划》，旨在通过吸引资金和技术培育新兴产业，即"新工业化"过程。

这一时期的转型举措主要为通过投资引进并开发各种新兴技术。此时原有的煤钢结构逐步解体，为中小型创新企业留下生存空间，进而成为鲁尔区的劳动力蓄水池，极大地缓解了失业问题。创新企业的集聚也促进了新兴产业技术中心的形成。鲁尔区将市场技术引进与大学的研发过程相结合，形成了多特蒙德新的创新产业、杜伊斯堡的微电子电路和系统研究所、盖尔森基兴重油生产研究中心等一系列创新产业中心，迅速实现了技术追赶和超越。

（3）区域一体化和产业结构升级。随着前两个阶段的完成，标志着鲁尔区的工业转型已基本实现。但转型加大了内部经济差异，形成了南北分化的局面。北部集聚新兴产业园区，转型相对成功；而原有矿场则主要分布于南部，失业率居高不下。为了更好地实现区域协调发展，北威州议会通过了《鲁尔项目计划》将转型权力下放到地方。

鲁尔区对其内部空间进行进一步规划，实现了创新生产链的区域内进一步延伸，形成了对产业链的深度集聚。同时积极发展第三产业，改善区域经济结构。鲁尔区提出了"转型需要文化"的口号，通过挖掘工业文化内涵加深区域认同感，利用现有工业遗址形成工业景观、发展工业旅游，走出了以工业哺育服务业的特色转型路径。

2. 鲁尔区转型的相关理论综述

（1）产业转型和创新产业培育。按照产业演进的一般规律，鲁尔区通过培育产业的多元化发展实现经济结构的优化。鲁尔区转型可以总结为传统工业产业的创新升级过程，而这一过程也是劳动力退出的阶段，因此面对就业压力和工业产业高端化升级的要求，鲁尔区必须推动服务业的发展（张少华、侯瑞瑞，2012）[17]，在此过程中实现了服务业的培育和服务业和工业的结合，进而实现了老工业基地支柱产业的替换（Stefan Goch，2002）[18]。鲁尔区采用"高投入、高资助"的方式创新工业的投资，以政策优势吸引中小企业的进入，并结合与高等学府合作加强人力资本培育，形成了政策、市场、人力资本的协调转型（戴学锋，2009）[19]。从系统的视角分析，鲁尔区"煤钢生产综合体"紧密关系的解体给予了新兴产业巨大的生存空间（Dennis Weil，2007）[20]。从产业经济理论分析，鲁尔的老工业基地转型经验可以总结为改造老产业、扶持第三产业和中小企业、重视空间利用等方面（张秀娥、孙建军，2009）[21]。此外，鲁尔老工业基地的转型过程除了实现创新产业的研发之外，更为关键之处在于通过给予地方权力的方式发掘潜在比较优势，并以此实现了符合自身禀赋优势的赶超战略（惠利等，2020）[22]。

（2）鲁尔区城镇布局演变。在内部空间布局演化对于老工业基地经济结构转变的作用上，在转型阶段，鲁尔区形成了"多中心的结构紧凑"的空间转型思路，实现了区域合力保障与地方发展需求兼顾的城镇结构，既激发了地方层面的活力和主动性，又维持了区域中心高效的资源协调能力（李潇，2015）[23]。鲁尔区老工业基地改变了资源依赖型的区域城市发展模式，实现了城市生态化转型，避免了"矿竭城衰"（段康，2017）[24]。

（3）转型制度演进。新制度经济学通过制度变迁演化路径，揭示了鲁尔区老工业基地通过制度创新打破路径依赖和锁定效应的内部机制。鲁尔区中的工业企业绝大多数强关联于煤钢产业，发展理念上的"路径依赖"解释了转型初期"再工业化"战略转型效果不佳的情况（Dennis Weil，2007）[22]。而从制度创新的视角看，鲁尔转型过程中同时实现了新型工业的形成、工业文化的传承、社会和谐的维护，实现了"非创新环境的内部更新"（张俊、徐旸，2013）[25]。在存量资本利用与转化上，老工业基地中工业文化和工业遗产不仅仅是沉没成本，在合理的政策和外部条件下是打破区域"认知锁定"和"政策锁定"的有力工具（Franziska Görmar、Jörn Harfst，2019）[26]；并打破"废弃即清除"的行为惯性模式，发展工业遗址旅游提升资源循环效率（姜威，2010）[16]。

（4）转型政策分析。在鲁尔区老工业基地的转型政策研究上，鲁尔区不同时期转型政策的思想来源并不相同。鲁尔区转型政策演化过程受凯恩斯主义、欧洲一体化、公共选择、新古典经济学等学说影响，不同时期政府的作用和角色并不相同（海尔曼·皮拉特，2004）[27]。从经济史角度研究鲁尔区转型政策变化规律，可以将其总结为"自上而下"的强制性模式转向"自下而上"的诱导性模式（吴佳恒，2010）[18]。

（二）美国底特律：单一产业结构转型的失败

1. 底特律的转型努力

底特律位于美国五大湖畔，曾是美国最大的汽车生产基地。20世纪50年代末，随着汽车产业迁移底特律逐步陷入衰退。

（1）产业回流。20世纪70年代，底特律政府提出了"让工厂回来"的口号，通过政府财政补贴、税收优惠、用地支持等手段吸引汽车产业回流。

然而，以政策对抗经济规律的代价是惨重的。为了提高汽车产业的吸引力，底特律政府不得不采用财政补贴的方式来弥补底特律与中西部间的成本差异，不计成本的优惠政策导致了财政的巨额亏损。同时，石油危机和日本汽车产业的冲击导致美国本土汽车市场大幅度缩水，汽车产业再次受到严重打击。

（2）城市改造与消费拉动。汽车产业回流政策失败后，底特律又提出了城市改造计划，旨在对底特律核心老城区进行基础设施和建筑改造以减缓人口流失。

然而，城市更新计划的大量投资依旧未能形成良好的后期收益回报。随着产业流失，高居不下的失业率和犯罪率已成为城区长期的社会问题，而种族冲突加速了中产阶级的流失，城市内的消费基础已不复存在，大规模无效投资造成了资源的浪费（马秀莲、吴志明，2015）[28]。

（3）服务业转型失败。底特律将调整经济结构视为新一轮转型的重点，试图通过提高服务业比重减轻失业问题，最终实现消费型城市的转型目标。

在此政策下，底特律大力发展娱乐产业和相关服务业，但金融危机再次中断了底特律的复兴进程。在金融危机的冲击下，服务业产业扶持计划夭折。本就巨额的财政开支持续扩大、公共服务基本瘫痪。核心城区逆城市化问题愈演愈烈，底特律成为美国人口流失最严重的城市，最终于2013年宣告破产。至此，底特律老工业基地的转型宣告失败。

2. 底特律老工业基地转型理论综述

（1）刚性的单一产业结构。对于底特律老工业基地转型实践的失败，绝大多数研究从产业结构的视角出发进行分析。底特律老工业基地衰退的关键在于汽车产业的过度集中，导致其外部风险的应对能力严重不足。长期单一的产业结构导致经济效率低下和风险应对能力弱化，进而在数次外部冲击下陷入衰退。底特律虽表面上存在诸多问题，但其核心仍是长期单一经济结构的扭曲（王庆立、马宇，2015）[29]。从底特律的转型思路上分析，转型过程中过度关注支柱产业的升级而忽视结构的扭曲：底特律汽车行业升级过程中出现了明显的资本对劳动力的挤出，而底特律工业城市设计下弱化了其他产业形成高附加值服务业以吸收大量失业劳动力的能力，造成了长期的城市空心化（帅萍、秘舒月，2016）[30]。

（2）逆城市化与空间结构崩塌。由于底特律老工业基地发展较早、城市化程度较高，而在其转型失败的过程中又存在严重的逆城市化。从城市发展史的角度看，底特律产业的流失、人才的流失、种族矛盾、不合理的政策加剧了城市的脆弱性（马秀莲、吴志明，2015）[29]。从城市空间演变的视角分析，底特律的转型过程中呈现出空间异化的趋势，随着长期衰退城市布局从绅士化呈现出碎片化趋势，并在空间解体中丧失城市活力（胡大平，2015）[31]。从城市破产的视角分析，底特律衰退过程中汽车产业受到国际分工的影响严重，财政因税源萎缩无力应对危机，进而引发城市空心化（虞虎等，2014）[32]。

（3）"锈带"老工业基地转型对比。通过将美国"铁锈"中具有相似背景的其他老工业城市的复兴与底特律的失败进行对比，以此寻求底特律的转型问题。通过底特律与匹兹堡的对比，两者差异的关键在于底特律的服务业在经济结构中占比远低于匹兹堡，并且匹兹堡区域内的产业协调度和丰富度明显高于底特律（袁建锋，2015）[33]。从转型协调政策视角对比分析，匹兹堡在议会中形成了以政府牵头、多方主体协调的非排他性、非营利性合作模式；而底特律的转型政策则随着官员任期变化充满短视行为，缺乏连贯性和一致性（Sabina Detrick，1999）[34]。在与克利夫兰对比分析上，克利夫兰的艺术产业能通过不同渠道发挥工业遗产并以此促进服务业的发展和缓解逆城市化（Sadlek G M and Chase J，2014）[35]；而底特律并未合理利用工业遗产而是盲目进行城市的改造，进而造成服务业产业培育环境缺失（帅萍、秘舒月，2016）[34]。

（三）日本北九州：污染治理中循环经济的构建

1. 北九州地区的生态经济转型实践

日本北九州市地处九州岛北端，是日本著名的老工业基地和重要港口。随着日本提出贸易立国战略，加工制造业成为政策扶持重心，而北九州则列入"结构性衰败"的名单。同时，当地爆发了"七色烟尘""火鸡事件"等公害危机。

（1）规划保障与制度构建。北九州政府和居民意识到传统的生产模式难以为继，面对日益严峻的环境污染和经济衰退，北九州市决定通过搭建城市循环经济来解决双重危机。

首先，北九州地区于1967年成立环保局，并以环保局为核心通过一系列的制度建设以应对日益严重的环境问题，搭建了较为完善的污染治理和循环经济建设的法律体系（公害对策史部会，1998）[36]。其次，在校园、社区、工厂等区域大力宣传环境理念，破除地区认知锁定。最后，北九州政府采用财政支持循环经济的搭建。通过补助静脉产业、对生态园建设提供融资优惠和税收优惠、无偿提供土地扶持等方式吸引环保创新企业。

（2）产业环境化和环境产业化。1997年，北九州政府正式提出"循环经济"的发展思路，通过产业环境化和环境产业化实现循环经济的转型。

北九州政府开启"北九州生态工业园区"的建设，该生态园区的建立实现了工业生产过程中从生产和消费两端对传统的废弃物循环利用。此外，北九州政府高校、企业形成了"北九州市环境产业推进会议"推动传统产业环保化，并对废弃物进行二次的开发利用。同时，北九州市利用丰富的治理经验和强大的循环技术谋求环境产业自身的发展，通过强化环境产业自身的盈利能力进而扶持其逐步替代原有的重型工业，以此形成了以再生项目为核心的环保产业集群，逐步实现了支柱产业的替换。

（3）环境技术出口。近些年来，北九州市借助自身区位优势，对后发工业国开展环境合作并以此推进环境技术的出口，形成新的贸易增长点。

北九州市通过民间团体和政府部门两个层面开展国际交流。通过民间组织派遣技术专家和接收海外研究员、官方搭建北九州国际环保合作体系两种方式，北九州不断对外输出环保技术，率先占据了亚洲新兴工业大国市场。而环保技术出口所产生的外贸收益通过不断推动其环保产业的发展，加速了老工业基地产业结构的优化升级。

2. 北九州循环经济转型的理论综述

（1）北九州循环经济构建理论。日本北九州老工业基地的转型实践有一条明确的主线：循环经济的搭建。因此，北九州实现兼顾污染治理和经济发展的循环经济搭建模式则成为理论重点。北九州转型实践被学术界总结为"北九州模式"，北九州模式的内涵在于区域多方主体治理实现了经济生产与环境保护的平衡，同时解决公害、失业、人口流失等社会危机（夏爱民，2005）[37]。北九州老工业基地的转型实践中产、学、官"三位一体"环境产业战略的实施，促使不同主体在不同领域发挥相应作用并在相互配合下产生凝聚效应（石晓红、叶钟，2010）[38]。最终在政府的战略引导和体系保障下成功形成巨大社会合力，实现了以环境开拓经济的模式（肖鹏程，2010）[39]。

（2）转型政策分析。一般而言，发达国家的老工业基地转型方式是以市场调节为主、以政策扶持为辅，利用市场规律结合产业政策扶持谋取老工业基地转型。而由于日本北九州地区的转型重点在于污染公害的治理，而这一领域存在着明显的市场失灵，加之东亚国家强政府的历史传统，北九州地区的产业转型过程不可避免地形成以政府政策为主导的转型模式。对于北九州地区转型的环境政策演变路径，可以总结为由最初的单一的公害治理到环境综合改善构建宜居城市、再到构建可持续性循环经济，北九州市环境政策内涵由单一污染治理逐步发展到整体持续发展（岸本千佳思、彭雪，2010）[40]。从社会治理视角出发，北九州的转型过程中采取了循序渐进方式，防止过度激进的转型政策加剧了老工业基地社会的崩溃（杨振凯，2006）[41]。

（3）创新城市结构。此外，随着北九州人口老龄化加剧和青年劳动力的流失，北九州老工业基地转型伴随着城市功能结构演变。严重的人口外流和老龄化趋势导致北九州原有的城市规模过大，而转型过程中采用收缩城市的方法解决空房土地过剩、基础设施结构性不足等问题，为转型的产业复兴和区域重新规划提供了必要条件（黄志林，2019）[42]。北九州城市振兴过程中产生了以工业遗产转型的新思路，北九州地方振兴政策演化出工业遗产转型中企业博物馆、地方公共设施和旅游商业设施的三种模式（赵政原，2021）[43]。

三、东北老工业基地特殊性分析

与国际老工业基地的转型案例相比，东北的老工业基地虽也存在普遍性问题，但由于其特殊的历史背景，在体制机制、产业构建、区域布局等方面体现出了显著的特殊性。

（一）体制机制的特殊性

纵观当前国际主流老工业基地，大多构建了较为完善的市场经济体制，并结合自身历史文化传统形成诱制性的渐进式制度变迁路径。而东北老工业基地采用了苏联工业化模式，并以强制性手段构建起指令性计划经济体制。计划经济体制的强大惯性导致东北老工业基地难以完成市场化的制度变迁，体制机制的特殊性表现在以下三个方面：

在社会思想环境上存在着特殊性。东北老工业基地在其社会风气上与一般老工业基地市场开放、竞争的思想文化相违背。长期的计划经济体制传统塑造了东北老工业基地内部保守的、非市场化的思想观念。计划经济体制下指令性的行政管理方式压抑了东北老工业基地内部创新精神的培育，放大了"官本位"风气。而计划经济体制下"旱涝保收"的分配制度，形成了东北老工业基地"干与不干一个样，干多干少一个样"的工作态度。

在企业所有制比例上存在着特殊性。重工业生产存在着显著的规模效应，必然导致老工业基地内部具有垄断性质企业的形成。而与一般老工业基地相比，东北老工业基地大型垄断企业的所有制性质则更多以国有属性体现，进而表现为低效率企业垄断规模的持续扩大。在财政兜底的惯性思维下，国有企业凭借市场和政策优势形成对要素的占用，进一步放大了大型国有企业的垄断程度，导致了东北老工业基地资源配置长期处于低效率状态。并且，这一发展惯性形成了民营企业的变相打压，恶化了民营企业的生存环境，降低了市场活力。

在政府经济活动上存在着特殊性。在国际老工业基地的发展阶段和转型阶段，其政府大多会采用非市场化手段适度干预老工业基地的经济活动，以实现特定的经济发展目标。而东北老工业基地在政府经济活动上表现出显著的职能错位。严重的职能错位主要表现在经济活动中的越权和过度干预，可以具体体现为：政企不分，越权充当市场经营主体、政府干预正常企业活动，人为增设行政审批程序等。此外，还表现为政府在市场制度构建上的不作为，具体表现在市场法治意识淡薄、产权制度构建缓慢、自身腐败现象频发等。

（二）产业集聚的特殊性

老工业基地基于自身禀赋结构形成要素优势，进而利用要素优势在市场竞争环境下培育并筛选出特定工业产业，并通过市场竞争和上下游合作形成纵向和横向的产业链，最终形成区域产业集群。产业集群通过利用要素培育和吸引降低了生产成本、借助内部竞争实现了创新形成和扩散、通过产业内部文化网络降低交易成本等内部作用机制支撑老工业基地发展（付晓东，2007）[44]。东北老工业基地产业集聚过程并非在市场竞争环境下通过要素自由流动形成，而是以嵌套式的方法实现外部成熟产业的迁成，这一方式导致了东北老工业基地在其产业集聚的内部机制产生了特殊性。

一方面，在优质要素的集聚上存在特殊性。高端优质要素是指先进技术知识、高级劳动力、优质资本等；为了更高的要素回报，优质要素将会以内部培育与外部吸引的方式完成集聚。在内部培育方面，通过外部产业迁入的过程中虽伴随着要素的协同迁入，但东北老工业基地内部优质要素投资长期处于相对滞后的状态；而在发展过程中，受到三线建设、文化大革命、国企下岗等冲击，内部要素培育进程一再被中断。在外部吸引方面，东北老工业基地在计划经济时代虽对优质要素具备较强的吸引力，但受制于经济体制，优质要素不能以市场自由流动实现集聚；而在改革开放后，东北老工业基地的经济失速丧失了对于优质要素的吸引力，出现内部优质要素的大规模外流。

另一方面，在竞争环境上存在特殊性。产业集聚中竞争环境往往意味着卡尔多改进的形成和正和博弈均衡。东北老工业基地产业集聚过程无疑缺乏相应的竞争环境，计划经济时代下，由于生产要素与产品分配都采用行政调配的手段进行直接管理，东北老工业基地内部企业自主经营权被完全剥夺，仅保留组织生产的单一职能，难以培育竞争环境。在改革开放后，企业职能的单一化使得东北老工业基地难以应对体制变革和外部竞争双重冲击下的复杂局面；为了保持现有产业规模和成本优势，首轮东北振兴更注重外部资金对东北老工业基地总量上的投资，增强了国有企业与民营经济结构上扭曲，进一步抑制市场竞争环境的形成。

（三）区域布局的特殊性

在工业发展对区域格局塑造的机制上，工业基地在分布上大多毗邻原料产地或贸易枢纽以此降低要素获取和贸易收益、通过产业与要素的聚集形成核心城市；之后，扩散效应演化出多中心的工业城市布局形成工业核心城市群。东北老工业基地的发展路径大体符合新经济地理学对于工业基地的演化路径。但由于特殊地理位置和地缘政治背景，东北老工业基地在区域布局上存在着特殊性。

首先，在总体规模上存在着特殊性。与其他老工业基地主要工业产业的小范围区域集聚不同，东北老工业基地形成了沿哈大线主要城市为核心、以周边原料产地为外围的区域重工业布局。这一分布格局导致其区域内部的核心城市分布并非呈现出核心城市集聚分布,而是呈现出多个核心城市的离散分布。

其次,在内部协调上也具有特殊性。在核心城市离散分布和多层级管理结构下,东北老工业基地内部协调更为困难。这主要体现在行政区经济下的利益冲突。东北老工业基地多级别、多行政单元的政府管理结构和不健全市场经济建设,导致了依照行政管辖范围进行经济建设的"行政区经济"。由于黑、吉、辽三省具有相似的产业背景和要素基础,导致东北老工业基地存在着重复建设和新兴产业内部竞争的问题。产业竞争下行政区经济之间必然发生利益冲突下的地方保护主义,进而导致信息封锁、行业垄断、要素流通受限等问题的产生。

最后,在对外结构上更具特殊性。对外贸易在工业基地的布局塑造和经济辐射方面发挥了重要作用。而东北工业基地对外开放度长期低于全国平均水平,处于一种半封闭的对外开放格局。从区域内部分析,东北地区三面环山、一面临海,内部物产丰富、工业产业较为完整,经济的对外依存度较小。从贸易环境分析,东北老工业基地外部贸易环境较为恶劣。北部和西部的俄罗斯远东地区和蒙古国,难以通过贸易匹配双方需求;而东部的日本、韩国以资本密集型产业和工业制成品出口为主,与东北老工业基地以初级工业制成品为主导的工业产业形成直接贸易竞争。

四、东北老工业基地转型主要路径

在国际老工业基地转型的经验教训与东北老工业基地特殊现状的基础上,通过普遍性与特殊性相结合的方式,本文从产业结构、体制机制和资源整合三个视角提出东北老工业基地转型实践路径。

1. 以产业转型升级促进经济结构优化

计划经济时代,东北老工业基地在形成了工业总量上绝对优势的同时却忽视了内部结构的优化;改革开放后,伴随着内外两个市场冲击和市场机制不健全导致东北老工业基地陷入了传统产业衰退和新兴产业缺位,产业结构固化的现象日趋严重(赵儒煜、王媛玉,2017)[45]。因此在转型过程中需要借助主导产业的转型升级打破产业结构固化,并进而带动区域经济增长。

在新兴产业构建上应注重市场和政府的结合,实现有为政府和有效市场的优势互补。东北老工业基地应通过政府财政投入、金融支持,改造基础设施、治理区域污染等方式"筑巢引凤",吸引外部高新产业和优质要素,为新兴产业的培育打下坚实基础。与此同时,充分发挥市场的优化资源配置功能、加快产权和市场机制的建设。进而在良性竞争环境中发现最符合东北地区现有比较优势的新兴产业,并以此为基础逐步实现要素流动、产业集聚、产业替代和经济多元化发展。

巨量的存量资本是东北老工业基地又一显著特征，而在原有产业升级方面则应更注重对东北老工业基地存量资本的转化和利用。在转型过程中加强对外合作，利用外来技术和投资盘活原有的存量资本，通过价值提升的方式加强原有产业的竞争力和韧性。此外，还可通过向上下游拓宽产业链的方式转变存量资本的利用方式，推动工业资本服务业转型。

2. 以体制机制改革培育转型内生动力

体制机制僵化则是东北老工业基地衰退过程中的又一突出特征，东北老工业基地一直难以完成市场化的制度变迁，计划与市场双轨并行下畸形经济体制的形成导致其造成体制机制僵化现状。而打破原有制度桎梏、革新体制机制的关键在于厘清政府和市场的关系，并不断完善市场经济体制以增强转型的内生动力。底特律的案例已经证明，依靠加大财政投入的"外部输血"转型策略在"锁定"效应下终究只是原有发展模式的原地踏步，只有在市场规律下逐步搭建合理的制度实现"内部造血"，方可实现真正的经济发展。

一方面，作为制度的供给者，政府应该明确自身服务型的转型职能，限制政府对于经济活动的过度干预行为，为维护市场的良性运行提供必要的制度保障。政府应改进内部职能体系，通过简政放权提升服务质量和效率，改进基本公共服务；同时，完善市场竞争机制，打造公平公正的市场监管体系，优化营商环境，维护好市场竞争秩序。

另一方面，应明确市场在资源配置中的主导地位，在市场化的改革推进中不断完善相应的市场制度，逐步在东北老工业基地内部形成自下而上的诱导性制度建设模式。并在此模式下通过非正式制度的演化影响原有制度变迁过程，进而逐步改进现有体制，打破老工业基地内部"锁定"和路径依赖。最终在市场制度的不断完善中提供坚实的产权和信用基础为老工业基地的转型不断培育内生动力。

3. 以区域整合方式调整实现可持续发展

此外，资源枯竭和优质要素流失是东北工业基地长期衰落的另一重要表现。东北老工业基地在计划经济体制下对区域外要素采取直接调配、区域内资源采取掠夺式的开发。随着区域内环境恶化和资源枯竭，自然环境承载力对于粗放式发展的约束也逐步凸显；而市场经济条件下经济增长失速导致要素流动方向发生逆转，要素约束也逐步显现。因此，东北老工业基地能否通过区域整合模式规避"资源诅咒"和"要素约束"则成为实现可持续的关键。

首先，在自然资源的利用上，应转变掠夺性开发方式，提高资源的利用效率。通过技术引进、设备更新等手段逐步更新淘汰粗放型企业，实现东北老工业基地内部的产业环保化。同时，利用东北地区优越的自然条件培育风力、太阳能等新能源产业的可持续性形成、开发与利用，进而实现由资源枯竭型城市向新型资源城市的转型。

其次，加大人力资本投资力度。人力资本是资源丰裕国家和地区能否成功规避"资源诅咒"的关键因素（杨莉莉、邵帅，2014）[46]。通过加大人力资本投资，在培育内部人力资本的同时，采取人才引进、就业扶持等方式吸引外部的人力资本，形成创新要素集聚进而为东北老工业基地产业升级提供必要的要素支持。

最后，创新利用国际资源和要素。东北老工业基地利用沿海沿边的区位优势和"一带一路"的政策优势，打破传统国界划分对于要素与资源的利用限制，提升疏通老工业基地内外各个产业与国内国际生产要素的转化和流通效率，更好释放转型经济活力。

参 考 文 献

［1］North D C. Institutions, institutional change, and economic performance ［J］. Cambridge University Press, 1990.

［2］Arthur W B. Competing Technologies, Increasing Returns, and Lock – In by Historical Events ［J］. The Economic Journal, 1989, 99 (394).

［3］方朝晖. Path dependence 还是 Lockin——道格拉斯·C. 诺思论制度变迁的两条轨迹 ［J］. 经济社会体制比较, 1994 (2)：17 – 20.

［4］林毅夫. 关于制度变迁的经济学理论：诱致性变迁与强制性变迁. 财产权利与制度变迁：产权学派与新制度经济学派译文集 ［M］. 上海三联书店, 1994.

［5］Michael Gort, Steven Klepper. Time Paths in the Diffusion of Product Innovations ［J］. The Economic Journal, 1982, 92 (367).

［6］Krugman Paul. Development, Geography, and Economic Theory ［M］. The MIT Press, 1997 – 08 – 21.

［7］刘向丽, 盛新宇. 国际经验视阈下的老工业基地振兴模式及启示 ［J］. 渤海大学学报（哲学社会科学版），2018, 40 (3)：6.

［8］汪斌. 经济全球化与当代产业政策的转型——兼论中国产业政策的转型取向 ［J］. 学术月刊, 2003 (3)：7.

［9］林毅夫. 新结构经济学的理论框架研究 ［J］. 现代产业经济, 2013 (Z1)：18 – 23. DOI：10. 19313/j. cnki. cn10 – 1223/f. 2013. z1. 004.

［10］林毅夫. 新结构经济学的理论基础和发展方向 ［J］. 经济评论, 2017 (3)：4 – 16. DOI：10. 19361/j. er. 2017. 03. 01.

［11］林毅夫. 资源是如何从有利条件变成负担的？［J］. 发展, 2017 (3)：30 – 31.

　　[12] 林毅夫. 新结构经济学——重构发展经济学的框架 [J]. 经济学（季刊），2011，10（1）：1 – 32. DOI：10. 13821/j. cnki. ceq. 2011. 01. 014.

　　[13] 尹牧. 资源型城市经济转型问题研究 [D]. 吉林大学，2012.

　　[14] 杨矞. 老工业区经济衰退与转型分析 [D]. 浙江大学，2004.

　　[15] 姜威. 基于区域经济发展差异的资源整合模式研究 [D]. 吉林大学，2010.

　　[16] 吴佳恒. 对德国鲁尔工业区衰退与转型的经济史视角研究 [D]. 深圳大学，2019.

　　[17] 张少华，侯瑞瑞. 从单一到多元　从制造到服务——鲁尔转型之路 [J]. 城市发展研究，2012，19（2）：42 – 47，53.

　　[18] Stefan Goch. Betterment without Airs：Social Cultural and Political Consequences of the Industrialization in the Ruhr Area [J]. International Review of Social History，2002（47）：8 – 111.

　　[19] 戴学锋. 从国际经验看资源枯竭型城市如何转型 [J]. 今日中国论坛，2009，Z1（No. 174）：100 – 103.

　　[20] Y H Dennis Wei. Regional Development in China：Transitional Institutions，Embedded Globalization，and Hybrid Economies [J]. Eurasian Geography and Economics，2007，48（1）.

　　[21] 张秀娥，孙建军. 从鲁尔区振兴看东北地区资源型城市经济转型 [J]. 学习与探索，2009（3）：151 – 153.

　　[22] 惠利，陈锐钒，黄斌. 新结构经济学视角下资源型城市高质量发展研究——以德国鲁尔区的产业转型与战略选择为例 [J]. 宏观质量研究，2020，8（5）：100 – 113. DOI：10. 13948/j. cnki. hgzlyj. 2020. 05. 008.

　　[23] 李潇. 德国鲁尔区“多中心的结构紧凑”空间发展思路及启示 [J]. 城市发展研究，2015，22（6）：59 – 60.

　　[24] 段康. 资源型城市生态化转型发展的问题与对策研究 [D]. 西北农林科技大学，2017.

　　[25] 张俊，徐旸. 非创新环境中的内部更新——德国鲁尔区转型发展及启示 [J]. 同济大学学报（社会科学版），2013，24（2）：53 – 59.

　　[26] Franziska Görmar，Jörn Harfst. Path Renewal or Path Dependence？The Role of Industrial Culture in Regional Restructuring [J]. Urban Science，2019，3（4）.

　　[27] 海尔曼·皮拉特，杨志军. 德国鲁尔区的转型与区域政策选择 [J]. 经济社会体制比较，2004（4）：72 – 75，60.

[28] 马秀莲, 吴志明. 挣扎的底特律: 后工业城市复兴的理论、实践与评述 [J]. 北京行政学院学报, 2015 (4): 1 - 9. DOI: 10.16365/j. cnki. 11 - 4054/d. 2015.04.001.

[29] 王庆立, 马宇. 底特律破产对我国资源型城市的启示 [J]. 山东工商学院学报, 2015, 29 (1): 19 - 23.

[30] 帅萍, 秘舒月. 底特律服务转型得失及对中国城市的启示——以上海为例 [J]. 现代城市研究, 2016 (12): 105 - 110.

[31] 胡大平. 从空间进化转向空间变异: 警惕当代中国城市的"底特律化" [J]. 探索与争鸣, 2015 (3): 50 - 53.

[32] 虞虎, 王开泳, 丁悦. 美国底特律"城市破产"对我国城市发展的警示 [J]. 中国名城, 2014 (5): 39 - 44.

[33] 袁建峰. 美国老工业城市匹兹堡产业转型分析及规划思考 [J]. 国际城市规划, 2015, 30 (S1): 36 - 41.

[34] Sabina Detrick. The post industrial revitalization of Pittsburgh: Myths and evidence [J]. Community Development Journal, 1999, 34 (1).

[35] Sadlek G M, Chase J. Distinctly Cleveland: How the Arts are Helping to Revitalize Rust Belt Cities [J]. Road through the Rustbelt from Preeminence to Decline to Prosperity, 2014.

[36] 公害对策史部会 (北九州市产业史、公害对策史、土木史编集委员会) (1998b). 北九州市公害对策史 [R]. 北九州市, 1998.

[37] 夏爱民. 北九州——循环型经济的雏形 [J]. 世界环境, 2005 (3): 29 - 35.

[38] 石晓红, 叶钟. 日本北九州城市产业转型的成功经验及启示 [J]. 西南农业大学学报 (社会科学版), 2012, 10 (10): 61 - 62.

[39] 肖鹏程. 日本北九州生态城发展循环经济的经验及启示 [J]. 西南科技大学学报 (哲学社会科学版), 2010, 27 (1): 29 - 34.

[40] 岸本千佳思, 彭雪. 日本北九州市的环境政策演变: 从克服公害到创建环境首都 [J]. 当代经济科学, 2010, 32 (6): 89 - 97, 125 - 126.

[41] 杨振凯. 日本九州老工业基地改造政策分析 [J]. 现代日本经济, 2006 (6): 14 - 17.

[42] 黄志林, 赵敬源, 王农. 收缩城市视角下的应对策略研究——以日本北九州市为例 [J]. 建筑与文化, 2019 (8): 237 - 239.

[43] 赵政原. 日本地方城市振兴视角下的工业遗产转型机制——以北九州市为例 [J]. 现代城市研究, 2021 (11): 127 - 132.

[44] 付晓东. 产业集群与东北老工业基地产业布局调整 [J]. 经济经纬，2007 (5)：69 – 72. DOI：10. 15931/j. cnki. 1006 – 1096. 2007. 05. 012.

[45] 赵儒煜，王媛玉. 东北经济频发衰退的原因探析——从"产业缺位"到 "体制固化"的嬗变 [J]. 社会科学战线，2017 (2)：48 – 57.

[46] 杨莉莉，邵帅. 人力资本流动与资源诅咒效应：如何实现资源型区域的可 持续增长 [J]. 财经研究，2014，40 (11)：44 – 60. DOI：10. 16538/j. cnki. jfe. 2014. 11. 001.

The Particularity Analysis and Transformation Path of the Old Industrial Base in Northeast China

Xu Yichao   Zhang Kaihe

Abstract：As an old industrial base in decline at an early stage, the transformation dilemma of the old industrial bases in Northeast China shows both the universal and unique problems of the transformation of old industrial bases, therefore, it needs to be analyzed and interpreted from the perspectives of both established theories and actual practices. This paper firstly summarizes the current mainstream theories on the transformation of old industrial bases; secondly, it analyzes the transformation practices of Ruhr in Germany, Detroit in the United States and Kitakyushu in Japan by using case studies and literature research methods, and outlines the research results on the transformation of different types of old industrial bases; then, it analyzes the specificity of the old industrial bases in Northeast China in the light of their actual situation; finally, it combines the universal laws of international cases with the specific situation of Northeast China. Finally, combining the general rules of international cases and the special situation of the old industrial bases in Northeast China, the practical paths of transformation of the old industrial bases in Northeast China in the new development stage are proposed from three perspectives: industrial structure, institutional mechanism and resource integrations.

Keywords：old industrial base industrial structure institutional mechanism resource integration

新贸易保护与新发展格局构建：
一种政治经济学视角的诠释*

乔　榛**

摘　要： 构建新发展格局是我国应对国内外形势发展变化的战略抉择。新发展格局坚持以国内大循环为主，是应对国际新的贸易保护倾向而稳定国内经济的选择；新发展格局坚持国内国际相互促进的双循环，则是突破发达国家针对我国的贸易保护而开创国际贸易新格局的安排。理解我国构建新发展格局，从实践来看，是对国内外新形势的反映，也是对国际经济关系变化的应对策略；从理论来看，运用马克思政治经济学的经济关系分析范式，可以更深刻地理解其提出的根据。在此基础上，进一步运用马克思政治经济学的社会再生产理论，有利于寻求构建新发展格局的路径，以畅通社会再生产过程各环节为线索去构筑新发展格局。

关键词： 新发展格局　政治经济学　社会再生产

一、问题的提出

我国为什么要构建以国内大循环为主体、国内国际双循环相互促进的新发展格局？其实践逻辑和理论逻辑是什么？应该从怎样的角度去寻找构建新发展格局的路

---

　*　基金项目：黑龙江省社科基金项目：新冠肺炎疫情后我省"保就业"的思路与对策研究（20JYD219）阶段性成果。

　**　作者简介：乔榛（1964～），男，内蒙古乌兰察布人，黑龙江大学经济与工商管理学院教授，经济学博士，研究方向：政治经济学、社会主义经济理论。

径？这些都是新发展格局这一重大战略构想提出后需要深入分析的问题。

从新发展格局提出的时点来看，构建新发展格局是应对国内外形势发展变化的战略抉择。具体说来，构建新发展格局是适应我国国际地位变化的客观要求，是进入新发展阶段我国战略目标的重新定位，是应对后疫情时代风险挑战的现实需要，也是应对逆全球化潮流的重要战略部署。[1]任何一个国家若想制定发展战略都必须适应国内外环境变化。目前，国际形势正在发生深刻变化，我国发展也进入新阶段，出现许多新特征，适应这样的变化来调整我国的经济发展格局，成为必然的选择。在这一大的分析框架下，还有一些较为突出的因素，也加强了我国调整发展格局的紧迫性。随着新一轮科技革命和产业革命深入发展，未来发展的科技支撑越来越突出、越来越明显，而高新科技发展并不能通过贸易来达到共赢，事实上，由于我国的国际地位变化，引起发达国家对我国技术"卡脖子"问题更加突出，实现自主可控的技术创新也是推动国内大循环的必然要求。[2]

构建新发展格局是我国进入新发展阶段的战略安排，具有深刻的历史内涵和实践意蕴。在改革开放之前，我国经济运行以国内循环为主，对国外经济循环所发挥的作用很小。改革开放以来，尤其是加入WTO之后，我国抓住国际经济大循环机会，充分发挥自己的禀赋优势，形成市场和资源"两头在外"的发展模式，极大地促进了经济快速增长，推动我国的国际经济地位发生重大变化。2008年全球金融危机爆发，改变了世界经济运行的秩序，形成了发达国家与新兴市场国家经济地位改变的趋势，特别是我国经济快速增长与发达国家经济发展迟缓的对比，自然推动我国发展格局的转变。我国进出口贸易依存度快速下降，从2006年的64.2%下降到2019年的31.8%，国内需求对我国国内生产总值增长的贡献率达到89%，其中最终消费需求的贡献率为57.8%，我国正在成为世界最大的国内消费市场。这种历史变迁，反映出的一种实践逻辑是，一个经济落后的大国，需要融入世界才能得到发展，而发展起来的经济大国对世界经济会有新的贡献，不仅向世界贡献更多、更高质量的产品和服务，而且还向世界提供更大、更加开放的市场。因此，构建新发展格局是我国融入世界后的经济发展的结果，有着深刻的实践逻辑。

然而，这种实践逻辑如何反映在理论逻辑中？又是一个需要深入思考的问题，因为在我国经济高速增长并对世界经济的贡献越来越大的背景下，一些发达国家开始唱起反全球化的论调，推动逆全球化的潮流，这与发达国家一贯倡导全球化和信奉贸易自由产生矛盾。仍为世界第一经济大国、强国的美国，却高举起反全球化的大旗，打压日益开放并对增进世界经济福利做出贡献的中国。这一行为对于自由贸易理论及其根据的自由主义经济学，无疑是一个巨大挑战。但是，发达国家开启的逆全球化进程正在加快，并成为一种日益鲜明的趋势。这样的事实无法用自由主义经济学和自由贸易理论来解释，但其背后一定存在着一种逻辑，需要转化理论视角去分析。这也正是本文的出发点，而且只有明白了这种理论逻辑，才能找到构建新发展格局切实可行的路径。

二、贸易保护倾向的时代特征和理论解释

构建新发展格局并不是要关起门来，这应该是容易取得共识的观点。但许多人还是在构建新发展格局和贸易保护之间产生一些疑问。就其根源，是因为构建新发展格局的国际环境表现为一些发达国家正在对我们"关起了国门"，运用关税、限制技术出口等手段来阻断与我国的正常经贸关系。既然发达国家要对我们实行贸易保护主义政策，由此阻断我国的对外经济关系，就必须由国内市场来弥补，从而要求我们把注意力集中到扩大和升级国内需求这一目标。从我们的角度看，我国正面临着一种外部压力，并有着鲜明的时代特征，需要就此做出新的理论解释。

贸易保护并不是今天才有，近代以来的全球化进程，一方面表现为贸易不断开放和自由的趋势；另一方面也不时地出现贸易保护的倾向。梳理近代以来贸易保护的历史，可以看到不同时代的贸易保护都有着自己时代的鲜明特征。

1. 贸易保护演进中的时代特征

追溯贸易保护的源起，重商主义时期开始资本原始积累的国家推行的贸易政策，应该是近代以来最早实行的贸易保护。这个时期实行贸易保护的国家，都是处于前资本主义阶段的国家，都在进行资本原始积累，以追求货币这一资本或财富形式为主要目的。从这个意义上，这些实行贸易保护的国家是当时世界上最先进的国家，或者是处于上升期快速增长的国家。由此表明，这个阶段实行贸易保护的国家都是以挤占别国的生存空间来谋求其发展的。如 17 世纪的英国，在其迅速推进资本原始积累的时期，就采取了十分严格的贸易保护，表现在颁布特许权和垄断权；规范并组织对制造业的控制；禁止羊毛出口；提高法国和荷兰织物的进口关税。[3] 英国采取贸易保护，其他进行资本原始积累的国家也实行贸易保护，由此形成了一个贸易保护的竞争性局面。在这种竞争性贸易保护局面下能够获得更大利益，就必须有经济以外的手段，即用坚船利炮等武力手段来保护其利益的最大化。这也成为这个时期贸易保护的另一个特征。

随着资本主义工业革命的完成以及资本主义制度的确立，主要发达资本主义国家对其贸易政策进行调整，开始倡导自由贸易，推行一系列自由贸易政策，究其根源，主要是这些资本主义国家在完成工业革命后积累的巨大生产力，在世界市场上具有了明显的竞争优势，自由贸易对它们更加有利。然而，这个时期的世界各国极不平衡，

一些后发国家并不认同发达国家的自由贸易政策，而实行新的贸易保护，以达到追赶发达国家的目标。如18世纪末期的美国和19世纪的德国，作为后发国家都采用保护贸易的方式发展经济。美国1776年建国，不久就通过了一部《关税法》（1789），明确提出，为了支持美国政府解决债务问题，鼓励及保护制造业的需要，对进口商品、制成品和货物征税。以此为起点，之后的美国不断加码贸易保护，1807年针对英国通过了《禁运法案》，[4]而1816年《关税法案》的出台标志着美国开启了通过关税政策实行贸易保护主义的进程，一直到1933年，这种高关税政策都伴随着美国的经济发展，这意味着即使在19世纪末已经成为世界第一大经济体，美国依然奉行贸易保护的策略。德国在19世纪初期，主要是一个封建的农业国，工业虽有一定发展，但严重落后于英国和法国，其国内市场受到英、法两国的自由贸易政策冲击，大量廉价商品涌入，给本国工业造成极大压力，因此，保护和促进德国工业的发展，成为当时德国资产阶级的迫切要求。总之，这个阶段的保护，在特征上有了新变化，主要体现在：第一，贸易保护被作为实现赶超的手段；第二，贸易保护对于后发国家的崛起发挥了一定的作用。

在第二次世界大战之后，反思两次世界大战爆发的原因以及关税及贸易总协定的成立，贸易自由开始成为世界各国的普遍共识，如此又开启了一个新的自由贸易时代，一些后发国家借此形势推行开放战略，成为新兴工业化国家，跻身世界发达经济体的行列。在此共识和成功案例的影响下，自由贸易被赋予发展国际经济关系的必由之路，在今天人们的印象中，国际贸易就应该是自由贸易，并认为自由贸易一定会增加世界福利。当进入21世纪的第二个10年后，一些发达国家竟然反对全球化，实行单边主义，实施贸易保护，这让人一时难以置信，为什么在人们印象中应该坚持自由贸易的发达国家竟会实施贸易保护？在这个问题的背后，包含着对这种新贸易保护重新认识的诉求。最近发生的发达国家的逆全球化和贸易保护，与之前的贸易保护有着较大的不同：首先，发达国家成为贸易保护的推动者；其次，贸易保护的主要背景是新一轮科技革命引发的竞争越来越激烈；最后，贸易保护反映了发达国家遇到了发展的天花板并开始走向衰落。

2. 贸易保护引发的经济学论争

贸易保护与自由贸易相对立，其根源通常遵循着两种不同的解释逻辑。在自由贸易论看来，自由贸易能够给贸易国都带来好处，而且可以提升世界整体的福利水平。为此，形成了一系列越来越深化的理论，从斯密的绝对成本优势说，到李嘉图的相对成本优势说，再到资源禀赋说，进一步又发展出新贸易理论。这些在标准的经济学教科书中都能找到的理论，被认为是对自由贸易理论做了最权威的解释，可以作为推行自由贸易最深刻的理论根据。然而，近代以来，仅在大国崛起的序列中就经常出现贸易保护主义的倾向，如前所述，一些后发国家正是借助一定程度的贸易保护实现了赶超的目标。对于这种理论和现实的不一致，经济学家给出的解释是，自由贸易理论只提供一个标准，对其扩展可以与现实相契合。从理论的逻辑性要求来看，这或许是一种实现理论和现实相统一的解释，但对于那些采取贸易保护的国家来说，它们并没有把自由贸易理论作为自己的出发点，也没有努力在放松其假定的前提下，为实行贸易保护找根据。事实上，它们从一开始就提出与自由贸易理论不同的另外一种理论作为其出发点。比较早地讲，在 19 世纪初，德国经济学家李斯特提出一套贸易保护学说，明确反对当时盛行的英国古典政治经济学，指出它的一个根本缺陷是宣扬世界主义而忽视经济发展的民族特点。李斯特提出发展国民生产力的理论，同英国古典政治经济学的价值论和自由贸易论相对抗，以论证发展德国生产力和实行保护贸易的必要性。对于关税这一保护贸易手段，李斯特认为，即使保护关税政策会使本国商品的价格高于外国商品，但却能使本国生产力得到增长，使本国工业保持独立，并使本国外贸得到发展。也许李斯特的这种贸易保护理论很难为贸易保护政策提供充分的根据，但他开启了对贸易保护进行理论解释的传统。其后不断深化的贸易保护研究，又形成一系列关于贸易保护的理论，也就是在教科书中可以看到的：（1）工作岗位论。认为与其他国家进行贸易消灭了国内的一些工作岗位。（2）国家安全论。当一个行业受到来自其他国家的竞争威胁时，该行业对国家安全是至关重要的。（3）幼稚产业保护论。新兴产业在发展初期缺乏竞争力，应实行暂时性贸易限制，以帮助该产业的成长，从长期看可以提高国家的竞争力。（4）不公平竞争论。当国际贸易中出现一国政府对贸易的管制时，会导致贸易不公平，从而另一国也应该采取对等的保护措施。对于这样的一些贸易保护理由，自由贸易主义者提出了各种回应，其回应的理由直接或间接地归结到福利损失上，即不管实行怎样的贸易保护，如果从贸易国的总福利来考虑，那么最终结果不是福利的增加，而是福利的损失。但对于这样的回应，也遇到一些事实的挑战，因为贸易保护作为一个事实，并且为许多国家所采用，难道这背后没有理由吗？以上四个方面的依据，说出了一些理由，也确实是一些国家实行贸易保护所考虑的。从这些理由来看，考虑的似乎是某一方面的利益，但却因此推动一些国家实行了贸易保护。在自由贸易和保护贸易之间，可能永远也无法找到一种可以完全说服对方的一般性理由，而这样的结局并不是理论问题，而是一个分析视角的问题。在自由贸易和保护贸易之间发生的理论争论背后，隐含着一个共同的取向，都是对实现自己利益最大化的一种反映，只是角度有所不同，拥护自由贸易的国家或理论，是因为在自由贸易中可以实现贸易国整体福利的增加，而主张保护贸易的国家或理论，则是因为在保护贸易中对自己更为有利，而这又与自己所处的发展阶段和发展状况有关。

如果想在这些关于贸易保护的理论争论中得到一种更好的解释，那么站在马克思政治经济学的立场和角度去分析是一个很好的选择。

3. 贸易保护的政治经济学分析

马克思主义政治经济学研究资本主义生产方式以及和它相适应的生产关系和交换关系。对于马克思确立的政治经济学这一研究对象，在具体理解上还存在一些分歧。传统的政治经济学教科书把这一研究对象简单地概括为研究生产关系[5]，而新近的政治经济学教科书对此稍做了一些调整，规定为研究人们的生产关系及其发展的规律性。[6]撇开这些说法是否具有一致性的讨论，在所有这些说法中都可以反映出马克思政治经济学研究范式的一个核心，即经济关系。由此形成的分析范式使马克思政治经济学与古典和新古典经济学区别开来。在古典和新古典经济学那里，都是以独立的个人为出发点，因此，"经济人"成为古典和新古典经济学的基本假设，也是全部经济学分析的立足点。马克思政治经济学从"经济关系"出发与古典和新古典经济学从"经济人"出发形成的不同分析范式，决定了它们之间对经济现象的不同理解。

贸易是市场经济运行的最一般现象，国际贸易是世界市场形成后的普遍现象。当贸易成为一种普遍现象后，其本身说明它会带来一定好处。古典和新古典经济学从理论上证明自由贸易可以使贸易国获得利益最大化，但这种利益最大化是用一种整体福利衡量的。如果把"经济关系"引入到分析贸易或世界贸易的利益问题时，那么对贸易或国际贸易的利益问题就会有新的解释。马克思政治经济学对贸易带来利益的分析，不仅局限在整体利益的考量，而更注重利益关系的状况。剩余价值理论是马克思政治经济学的核心，该理论的革命性贡献主要体现在它以此揭示了工人与资本家关系的深刻本质。对于分析资本主义经济运行规律这一目的来说，揭示工人与资本家关系较整体利益的分析更有利于说清楚资本主义经济运行的实质。同样的，分析贸易或国际贸易带来的利益问题，选择从经济关系角度分析比从整体利益角度分析也更能揭示贸易或国际贸易的本质。现在，可以聚焦于用马克思政治经济学的基本范式来分析国际贸易中的自由和保护问题。

在国际贸易中，是保护贸易还是自由贸易，从根本上来讲，首先是一个规范问题，其次也是一个历史问题。作为一个规范问题，要分析是应该实行保护贸易，还是应该实行自由贸易；作为一个历史问题，保护贸易和自由贸易的应然性要在一定历史环境中才能理解。对此，马克思政治经济学的分析范式有着明显的优势，因为，从经济关系去理解这两个问题，更有利于划分保护贸易和自由贸易应然性的历史界限，也就是说，实行自由贸易还是保护贸易须在一定历史阶段上考察，才能得到一个正确的结论。马克思政治经济学注重从经济关系的角度去理解资本主义经济的本质。资本的本质或关系是理解资本主义发展全部秘密的出发点，也是理解资本主义向世界扩张的出发点。近代以来的资本主义扩张并不是为了奉行自由贸易所宣扬的使所有贸易国可以在自由贸易中获益，而是为了获得本国的利益最大化。这是资本本质的世界性拓展，是实行自由贸易还是实行保护贸易，一定不会在所有国家形成一致选择。在近代以来的贸易发展史中，同样是资本主义国家，不同时期的不同国家所采取的贸易政策并不相同，有的国家推行自由贸易政策，有的国家则采取贸易保护政策。同一个国家，在一个时期推行自由贸易政策，在另一个时期采取贸易保护政策。这样的不同选择，主要是以各个国家在不同贸易政策中的利益最大化为依据的，其背后是资本的力量在推动。

资本的关系推动了近代国际贸易的最初发展，这个时期处于强势的资本主义国家崇尚自由贸易，来为自己获得更大利益的动机进行包装，使得自由贸易或保护贸易成为各个国家资本之间利益博弈的一种选择。随着第二次世界大战之后大批殖民地国家独立，发达资本主义国家推动建立了自由贸易框架。这在追求世界秩序稳定的目标下，依然有资本的力量在发挥作用。把大批新独立的发展中国家纳入一个自由贸易体系中，对于发达资本主义国家来说，是一个新的机会。从"二战"后的国际贸易秩序看，自由贸易和保护贸易不像之前属于发达资本主义国家所做的选择，而是出现在发达资本主义国家和发展中国家之间所选择的贸易政策。发达资本主义国家与发展中国家之间的经济差距，决定了自由贸易对于发达国家有利，而对于发展中国家来说则无法确定，有的选择出口导向的自由贸易政策有所收获，有的选择进口替代的贸易保护政策导致失败。之后的历史也证明，推行自由贸易政策取得了明显优势，特别是一些发展中国家在推行出口导向的自由贸易政策后成为经济持续高增长国家，实现了对发达国家的赶超。这在表面上显示了自由贸易相对于保护贸易的胜利，但实际上开启了经济全球化发展的一个新趋势。发达国家与发展中国家之间不只是一种利益博弈的关系，而是一种地位变化的关系。这一趋势随中国改革开放而持续高增长以及经济实力快速提升变得更加明显。2010 年，中国成为世界第二大经济体，并且赶超第一经济体——美国的进程加快了速度，由此形成的一种新的国际关系，已经超越了经济利益关系，变成一种大国竞争关系，这一关系使得贸易政策呈现一种全新的特征，表现为一向推动并坚持贸易自由的发达国家开始转向反全球化，推行贸易保护主义政策。这一趋势无法用自由贸易可以实现世界经济福利最大化的理由来解释。而用马克思政治经济学分析范式的核心范畴——经济关系可以做出很好的解释，也就是目前的世界经济格局，已不是由追求贸易利益所主导，而是更关注贸易引起的经济地位的变化。如美国推行逆全球化和贸易保护，并不是因为它在自由贸易中得不到好处，而是它的地位在目前世界经济格局中下降的趋势令其担忧。这就是说，认识当今世界贸易格局，决不能只在贸易是否可以带来经济福利增进上做判断，而应该从贸易引发的各国特别是大国间经济地位变化的角度加以理解。在这样的一种新的贸易格局下，应对发达国家推动的新的贸易保护，我国作出构建新发展格局的战略安排，有其深刻的理论和现实根据。

三、贸易保护的新特征与新发展格局的构建

在贸易保护的历史演进中，虽然从性质上来看，都属于贸易保护，但不同时期的贸易保护表现出不同的特征。从资本主义早期先发国家实行贸易保护，到后发资本主义国家实行贸易保护，再到发展中国家实行贸易保护，现在又出现发达国家实行贸易保护。这样的历程，不仅表明贸易保护的历史性，而且也表明不同贸易保护对世界经济格局产生不同的影响。目前出现的发达国家掀起贸易保护，既是贸易保护的新表现，也对世界格局产生了新影响。

新的贸易保护不同于曾发生过的贸易保护，发达国家实行单边主义，推行贸易保护，出发点不是对其经济利益的考虑，而是对自己国际地位的忧虑。受到新兴市场国家越来越激烈的竞争压力，在几百年间形成的发达国家或福利国家的生产、生活方式难以为继，其国际地位也受到挑战，并显示出一种衰落的趋势，使世界面临百年未有之大变局。在这一变局中，尤为典型的是中美关系。美国作为"二战"后主导世界的主要力量，一度推动全球贸易自由化，1944年，由美国主导，44个国家在美国新罕布什尔州举行的布雷顿森林会议上决定设立三个全球性机构，其中之一的关税及贸易总协定（世界贸易组织的前身），主旨是推动贸易自由化，因此也形成了美国高举自由贸易旗帜的形象。然而，现在的美国却搞起了单边主义，还到处挥舞贸易制裁的大棒，尤其是对中国实施多方面的制裁。为什么美国要推行贸易保护？为什么美国全力推动对中国的制裁？其中有发达国家整体地位变化的原因，更有自己将要被中国超越的忧虑。因此，美国针对中国的一系列贸易保护和经济、技术制裁绝不只是基于利益的考虑，而是对与中国的经济关系以及由此导致的地位变化所作的反应。面对这种贸易保护的新特征，对于受贸易保护影响的中国来说，必须有新的应对策略，而且制定这样一种新策略还没有可资借鉴的经验。面对这一新挑战，以习近平同志为核心的党中央，充分考虑国内外环境、条件的变化，适时提出构建以国内大循环为主体，国内国际双循环相互促进的新发展格局，其目的就是破解这种新的贸易保护，寻找我国可持续增长和实现伟大复兴的新道路。

新发展格局能够应对新的贸易保护吗？回答这一问题，必须弄清楚新发展格局在应对新的贸易保护中的立足点和突破点。所谓立足点就是面对发达国家的贸易保护和制裁，我们必须能够站稳自己的脚跟；所谓突破点就是应对发达国家的贸易保护和制

裁，我们并不是被动的，而要以一种更加主动的姿态去突破发达国家的限制。

构建新发展格局以国内大循环为主体，这是我国应对发达国家贸易保护和制裁而稳定自己的立足点。一个国家经济运行的目标就是使自己顺利地循环起来。对于一个封闭的国家来说，经济运行的顺利实现需要国内循环的各环节不发生梗阻，生产出来的产品和服务能够被消费者悉数购买，而消费的产品和服务也能够得到有效满足。为了使生产和消费相匹配，可以借助市场机制，也可以借助计划机制，还可以借助二者混合的机制来实现。我国在实行计划经济体制时期，国内循环是经济循环的主要形式，而且是通过计划来使生产和消费相匹配。由计划主导的国内经济循环尽管是顺利的，但呈现的是一种被抑制的经济循环，经济发展潜力因此得不到发挥。改革开放后，我国的经济循环由国内循环变为国内国际双循环，实现循环的机制也变得复杂了，不仅有计划的作用，还有市场的作用；不仅受制于国内因素，还受制于国际因素。这种经济循环的复杂化，增加了其顺利实现的不确定性，但大大地激活了经济，有利于发挥我国经济发展的潜力。随着我国经济持续高速增长，经济规模不断跨越新台阶，目前已成为世界第二大经济体，并快速向世界第一大经济体迈进。如前所述，这种格局变化百年未有，因此出现了由发达国家主导的新的贸易保护，不再以获得贸易收益为主旨，而是为了保持自己的霸权或主导地位。对于我国来说，要保持经济继续增长，必须立足于国内大循环提供的动力。构筑这样一个立足点，既有自身条件的支持，也是应对外部环境的选择。当然，要立足于国内大循环，绝不意味着要使我国封闭起来，即使有外部力量的压力，我们也绝不会把自己的开放之门关闭。新发展格局一方面立足于形成国内大循环；另一方面必须突破国外势力针对我们实施的保护和制裁。

构建新发展格局要使国内国际循环互动起来，这是我国应对发达国家贸易保护和制裁来发展自己的突破点。近代以来不断崛起和后发赶超的国家，都建立在对外开放的基础上，还没有哪个国家在封闭的情况下使自己达到领先国际水平。即使在今天，虽然出现了一些逆全球化、单边主义、保护主义的倾向，但这绝不是历史发展的趋势，而是一个新发展时期出现的逆动。使国内国际循环互动起来，就是我们应对这种局面必须选择的循环策略。使国内国际循环互动起来，首先是一种主动行为，一方面要努力保持对外开放的态势，更广更深地融入世界市场；另一方面要开放我们的市场，更多更大地满足国外产品和服务销售的需求。其次要有所突破，主要是解决一些国家对我们的"卡脖子"问题，以实现自主可控的产业链供应链畅通。最后达到建立一种新的国际经济循环的目标。发达国家掀起的新的贸易保护绝不代表未来的趋势，新一轮科技革命的兴起并引领未来的世界经济发展，一定会出现一种新的世界经济格局，可以肯定的是，这一格局的主题依然是世界经济的分工合作以及全球化的新趋势。我国倡导构建一个更加开放的世界经济，推动加快全球经济一体化进程，反映了未来的趋势。继续保持一种开放态势，并以一个规模巨大经济体的力量来推动构建国际经济新循环格局，这一定是世界经济发展的一个方向。

用构建新发展格局来打破新的贸易保护，如此选择，必须从政治经济学的视角去理解。因为这种新的贸易保护并不是由贸易带来的利益不平衡引起的，而是世界各国特别是发达国家和新兴市场经济体关系及其地位变化引起的。应对这种变化，必须先有自己的立足点，再去谋求突破，用一种正确处理国内外关系的思维去构建一种新发展格局，来打破新的贸易保护。

四、新发展格局构建的社会再生产路径

如何构建新发展格局？在我国提出这一新的战略构想时，提出的一个基本框架是，构建以国内大循环为主体，国内国际双循环相互促进的发展格局。这表明的是一个方向，并不是具体思路。目前，学界围绕如何构建新发展格局提出一系列思路。一种观点提出，构建新发展格局必须坚持扩大内需这个战略基点，加快培育完整的内需体系，必须坚持创新驱动、供给侧引领和坚定不移深化改革，必须统筹发展与安全并毫不动摇地推动更高水平开放。[7]还有人聚焦于创新，认为创新是畅通"双循环"的关键，以推动创新经济发展引领构建新发展格局，创新经济不是单个企业内部的某项创新形成新的产品，而是使创新行为发展成为规模化的创新活动和产业，大批企业同时集中于某个产业方向开展创新，是需要把个体行为的创新上升为产业和宏观层面的创新。[2]另外一种观点提出，构建新发展格局应着力于三个方面：一是用结构性改革挖掘发展潜力，拉长长板，补足短板；二是要深化改革，打通国内循环中的一些堵点；三是要扩大开放，更好地利用国际资源。[8]还有一种观点指出，构建新发展格局最本质的特征是高水平自立自强，既不能将构建新发展格局的目标止步于畅通层面，也不宜将畅通看作构建新发展格局的全部目标，其根本的出发点和落脚点是实现发展与安全的动态平衡。[9]这些观点反映了构建新发展格局的部分思路，都有其针对性，也可以成为构建新发展格局的一种思路。而且，学界针对构建新发展格局提出的思路远不止这些，但由此反映出，构建新发展格局的思路有着不同的路径选择，同时也表明，对于一个处于构建中的新发展格局来说，需要从多角度探讨，以为实践中的新发展格局构建提供更多的参考。

要找到构建新发展格局的有效路径，必须有一个理论出发点。新发展格局的其中之义是畅通国内外循环，重点是畅通国内循环。经济循环从宏观总量视角可以看作是供给和需求的相互实现，经济循环的顺利实现便是全部生产产品和服务价值都能够实

现，全部社会需求都能够得到满足。这是一个理想状态，但可以作为探索改进经济循环路径的参照系。除了这样一种逻辑外，还可以对经济循环进行宏观结构视角的考察，由此出发，经济循环可以看作是生产—分配—交换—消费的过程，这是马克思政治经济学对经济循环的一种分析，可以以此为参照，探索构建新发展格局的路径。

从生产的总过程去探索构建新发展格局的路径，可以更好地发现经济循环实现所包含的内在机制。经济循环的顺利实现从结果来看似乎是生产和消费达到的一种平衡，但从生产直接到消费，只有在自给自足的经济状态下才能看到，而现代经济的生产和消费关系，一定包含了一些中介作为实现的机制。马克思政治经济学从生产—分配—交换—消费循环这一社会再生产过程来说明经济循环，为我们提供了一个从生产到消费实现的中介机制，即分配和交换。这样的分析更切合现代经济的实际，更有利于理解经济循环的实现问题，因而是探索构建新发展格局路径的重要出发点和着力点。

从社会再生产的视角去探索构建新发展格局的路径，首先是生产问题。在构建新发展格局的目标下讨论生产问题，不仅涉及生产的规模，还涉及生产的结构和质量。中国的生产能力已达到一个比较高的水平，被称为制造业大国，但生产的结构和质量还存在短板，还有一些技术被人"卡脖子"，因此，构建新发展格局的生产必须解决该问题，一是重构产业链，二是解决一些技术瓶颈。其次是分配问题。构建新发展格局必须坚持扩大内需这个战略基点，目前，扩大内需的潜力在于消费需求的扩大，消费需求扩大的基础是居民收入水平提高，而在生产力水平一定的前提下，又主要是一个分配问题。在构建新发展格局的过程中，必须认真对待收入分配，在收入分配问题上，我们已经有一个制度设计，就是在坚持按劳分配为主体、多种分配方式并存的基本经济制度下，提高劳动报酬在初次分配中的比重，完善工资制度，健全工资合理增长机制，着力提高低收入群体收入，扩大中等收入群体。接下来的重点是如何落实并探索有效的实现路径。再次是交换问题。构建新发展格局要实现的基本目标是畅通经济循环，因此也是一个交换实现问题。在马克思的政治经济学分析框架下，非常重视交换的实现问题，普通的商品交换，若不能实现其价值，商品所有者就会面临生产的困境，对于资本主义商品交换来说，交换的实现关系到社会再生产能否顺利运行，若产品价值不能顺利实现，会引发经济危机。马克思的这个分析逻辑，同样可以用来分析构建新发展格局涉及的交换环节问题。这不仅需要凸显交换的重要性，而且还要探索推动交换顺利实现的途径。如今的商品交换不断地突破传统的界限，技术的快速进步为商品交换提供了越来越多的先进手段，如互联网、大数据、人工智能正在颠覆传统的交换，为交换的扩大和挖潜创造了新的手段和途径。最后是消费问题。构建新发展格局的经济循环需要一种新的启动因素。经济循环可以由生产启动，它决定了分配、交换和消费，也可以由消费启动，由消费引发的需求来引致生产。虽然我们从更理性的角度看待这两个经济循环的出发点而坚持它们之间的相互性，但着眼于现阶段来看，构建新发展格局所需要实现的经济循环，还应该更多地关注消费，因为生产发展到今天已不是其能力的问题，而是需要有一种新的启动力量，如此也凸显了消费的重要性。

打通生产、分配、交换、消费各环节，使经济循环顺利实现，是构建新发展格局应该选择的路径。这一路径可以更好地反映我国的实际，也可以更细微地触及新发展格局内在的各环节，还可以反映出构建新发展格局面临的堵点和难点问题。

五、结 论

构建新发展格局是我国进入新发展阶段、贯彻新发展理念所作的新的战略安排。无论是准确理解新发展格局，还是努力构建新发展格局，都必须有一种认识视角的支持。从政治经济学的视角去理解和构建新发展格局，可以更切合实际地把握这两点。从政治经济学的视角去分析我国为什么要构建新发展格局，以及如何构建新发展格局，可以得出如下结论：

第一，构建新发展格局是在国际上形成新的贸易保护倾向的背景下所作的选择，在此背景下去理解新发展格局，应该看到这一抉择是在充分认识新的国际形势和格局前提下所作出的正确选择。因此，一定不能单单理解为国际经贸发展的结果，而国际政治关系和政治地位所发挥的作用更加突出。

第二，从对外经济关系的角度去理解和构建新发展格局，一定要避免以封闭的思维去对待新贸易保护的现实，而应该以更加开放的姿态，并以国内形成的大市场去引致国内国际双循环的畅通。

第三，构建新发展格局应该从社会再生产的角度去探索其路径，重点是打通生产、分配、交换、消费各环节，并落脚于各环节作出符合我国实际的改革和创新。

参 考 文 献

[1] 谢伏瞻. 加快构建新发展格局推动经济高质量发展 [J]. 经济研究，2020 (12)：4-7.

[2] 张车伟. 以推动创新经济发展引领构建"双循环"新发展格局 [J]. 经济研究，2020 (12)：23-26.

[3] 米歇尔·波德. 资本主义的历史：从1500年至2010年 [M]. 郑方磊，任

轶，译．上海：上海辞书出版社，2001：21.

　[4] 倪峰，侯海丽．美国高关税及贸易保护主义的历史基因 [J]．世界社会主义研究，2019，4（1）：48－57，95.

　[5] 于光远，苏星，仇启华．政治经济学（资本主义部分）[M]．北京：人民出版社，1984：1.

　[6] 宋涛．政治经济学教程 [M]．北京：中国人民大学出版社，2004：6.

　[7] 谢伏瞻．加快构建新发展格局推动经济高质量发展 [J]．经济研究，2020（12）：4－7.

　[8] 林毅夫．新发展格局如何看如何落实 [J]．经济研究，2021（1）：4－8.

　[9] 高培勇．从全局高度准确把握和积极推进构建新发展格局 [N]．经济日报，2021－01－18（1）.

国企效率研究的知识图谱分析

孔　晓　杜奕璇[*]

摘　要： 为了解国有企业效率的研究热点及前沿趋势，本文借助 CiteSpace 软件对 1996～2022 年中国知网数据库收录的 483 篇相关文献的关联进行了可视化计量分析，探究了国企效率的重点研究内容和研究热点。结果表明：国企效率的年发文量呈逐渐增长的趋势，各学者之间尚未形成广泛合作网络，研究热点主要集中在国企改革、效率测度、交易费用和产权四个方面，国企混改和国家审计成为当前研究的前沿问题。应加强研究合作网络，引进新的实证方法，进一步拓展国企改革的实践应用范畴。

关键词： 国企　效率　CiteSpace

一、引　　言

国有企业"政企不分"的本质决定了国有企业存在利润最大化和社会综合效益最大化的双重追求。随着市场化程度的不断提高，国有企业的投资、治理与分配问题愈发得到社会各界的广泛关注，关于国企效率的研究不断涌现。已有学者以国企效率为主题进行了研究综述，如国资国企改革领域的争论述评[1~3]、国企混改对企业创新影响的研究述评[4]、国企效率研究的进展与争论[5]、国企效率高低问题的观点统计[6~7]等。然而，以上研究多围绕不同观点的争论展开，对该领域整体学科结构和知

　＊ 作者简介：孔晓（1986～），女，辽宁朝阳人，副教授，经济学博士，研究方向：政治经济学，产业组织与区域协调发展；杜奕璇（2001～），女，辽宁辽阳人，辽宁大学拔尖学生培养基地，研究方向：政治经济学，产业组织与区域协调发展。

识结构的研究尚较为不足。鉴于此，本文基于中国知网数据库，运用文献计量学软件 CiteSpace 绘制国企效率研究的相关图谱，从作者、机构、关键词等信息出发分析其布局结构和演变特征，探究了国企效率领域的重点研究内容和研究热点。相较于洪功翔[5]的研究，本文填补了国企效率相关研究在知识图谱领域的空缺，以期为未来国企效率相关研究提供参考和借鉴。

二、研 究 方 法

1. 研究方法

本文采用文献研究的方法，使用 Excel 对年发文量进行统计，使用 CiteSpace 软件生成共现图谱、聚类图谱、时间线图谱等，对国企效率研究的文献、作者、机构及关键词的关联进行可视化分析。版本为 6.1.R3，绘制图谱的相关参数按如下设定：TimeSpan 选取 1996 年 1 月~2022 年 8 月，Years Per Slice 取值为 1，节点类型分别为 Author、Institution、Keyword。

2. 数据来源

选用中国知网数据库作为收集来源，以"国企"和"效率"为主题词进行高级检索，将文献类型限定为"期刊"，将文献来源类别限定为"北大核心"和"CSSCI"，检索日期为 2022 年 9 月 19 日，得到 1996 年以来共 602 条符合检索要求的论文。手动删除会议、新闻报道、发展报告及其他不相关内容，最终整理出 483 条可用于计量分析的文献资料。

三、基本特征分析

1. 年发文量分析

以 483 条文献资料为研究样本，绘制国企效率研究文献年度分布变化情况。从图 1 中可以看出，总体上 1996~2022 年有关"国企效率"方面的研究文献数量不断增多，关于国有企业效率的研究已成为学术界研究的热点问题。从时间阶段来看，1996~2011 年属于初步探索阶段，年度发文数量均 10 篇左右，研究内容主要集中在国企改革、公司治理、交易成本等方面。2012~2019 年为稳步发展阶段，发文数量不断增多，但仍有上下波动的情况。2020~2021 年属于快速增长阶段，2020 年，发文数量的绝对值增长到 47 篇，标示着国企效率问题成为学术界的研究热点，相关研究成果被不断丰富。

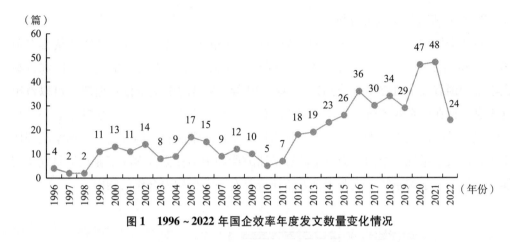

图1　1996～2022年国企效率年度发文数量变化情况

2. 核心作者合作网络分析

进一步对发文作者进行合作网络分析，得到图2所示作者共线知识图谱。作者图谱中，字体越大代表该作者的中心性越强，频次越高，关于国企效率的研究共有节点498个，链接194条，网络密度为0.0016。从作者合作情况中可以看出，我国国企效率的研究作者呈整体分散、局部集中的特点，大部分学者的关联程度并不强，并没有形成广泛合作的态势，只有小部分学者组建了合作网络。该领域的主要合作群体分别以刘现伟、任广乾、龙斧为核心，其中，以任广乾为核心的合作群体中的合作对象最多。独立研究者中，和军、廖红伟和周绍妮对国企效率的研究有较大贡献。

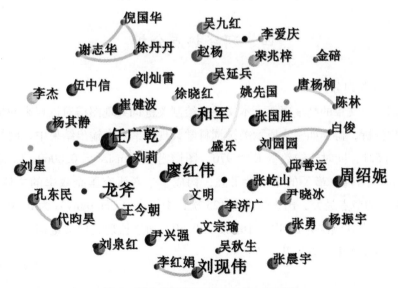

图2　国企效率研究作者共线知识图谱

3. 核心机构发文数量分析

对各个机构或团体关于国企效率研究的发文量进行统计，列出总发文量排在前10名的机构如图3所示。其中，北京大学经济学院、中国人民大学经济学院和吉林大学中国国有经济研究中心分别以12篇、10篇、9篇的发文量位列前三，可以看出这3家机构在国企效率研究领域的突出地位。吉林大学中国国有经济研究中心和吉林大学经济学院同属吉林大学系统，中国人民大学经济学院和中国人民大学商学院同属中国人民大学系统，中国社会科学院经济研究所和中国社会科学院工业经济研究所同属中国社会科学院系统，表明国企效率研究具有一定机构内合作的倾向。

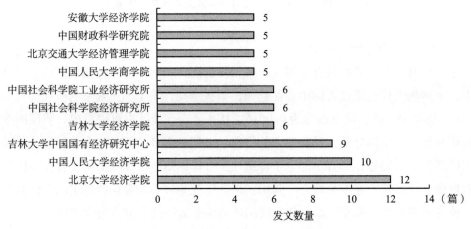

图3　国企效率发文量前10位的机构

四、研究热点分析

1. 关键词共现分析

关键词是对文章的高度凝练，本文通过绘制关键词共现图谱对近年来的热点问题进行可视化分析，得到如图4所示关键词科学共现图谱。在输出结果中，网络节点数量 N 显示为531，同时连线数量 E 为970，图谱密度 Density 为0.0069。关键词"国有企业"和"国企改革"的中心性最强，构成了学者研究国企效率的主体。其中，"国有企业"的节点最大，出现频次为125次，中心度（Centrality）为0.70；其次是"国企改革"，出现频次为85次，中心度为0.60。通过梳理其他关键词，当前国企效率研究热点主要集中在以下几个方面：

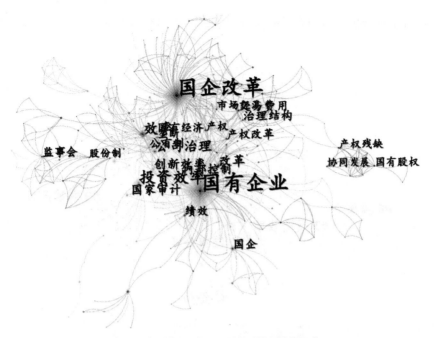

图4　国企效率研究关键词共现科学图谱

第一，"公司制""公司治理""投资效率"等关键词是学者研究的中心内容。学者们分别探讨了国有企业内部控制、高管特征、晋升激励、收益分配和经营预算对国有企业效率的影响，为进一步改善国有企业投资效率提供了可靠依据。

第二，"国企改制""监事会""股份制"等关键词侧重对微观制度层面的研究。学者们从逻辑层面探讨了国有企业在社会主义市场经济中的地位和作用，区别了不同类型国有企业在股份制、年薪制、监事会等多个维度的最佳改革路径。

第三，"国家审计""国有经济"等关键词侧重于对政策效果的评价。学者们通过双重差分方法（DID），考察了2007年以来国家审计的实施[8]以及2015年审计机关管理体制改革[9]对国有经济的影响及作用机理。

第四，"产权残缺""国有股权""协同发展"等关键词来自对国有企业低效率的探讨。学者们将国企低效率的原因归咎于所有权与控制权的分离，从理论层面论证了股份制改造和搭便车战略的可行性，以推动国有企业和资本市场的有效协同发展。

2. 关键词聚类分析

对关键词进行聚类分析得到如图5所示结果，其关键词聚类网络社团结构显著，聚类结果具有一定可信度。从图5中可以看出，聚类集群分别是"国有企业""国企改革""效率""投资效率""绩效""出资人""监事会""公司治理""治理结构""残缺产权"。以每个聚类集群内相应的高频关键词为依据，结合各聚类节点中的相关文献进行整理分析，将国企效率研究热点进一步归纳为以下四个研究热点问题。

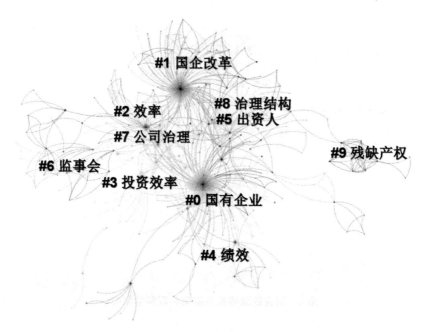

图 5　国企效率研究关键词聚类图谱

第一，关于国有企业内涵与改革方向的研究。国有企业的历史可以追溯到 20 世纪 50 年代，1952 年，政务院首次提出了国营企业的概念，在计划经济体制的引导下，国有企业从无到有，为新中国的工业发展打下了坚实的基础，但存在着普遍的效率不高的问题。70 年代以来，城乡个体经济和以港澳台资经济、外资经济为主的非城乡个体经济在经济总量中的份额不断扩大，国有企业则呈现出占比逐年下降的趋势。21 世纪初，国有企业的绝对数量以及工业总产值趋于稳定，受到供给侧结构性改革的影响，国有企业的各项经济指标开始回升并拥有较强的增长惯性。从改革的总体脉络上看，国企运行效率低下和资产负债率居高不下主导了过去 40 年中国国有企业改革的总体走向，但这类问题至今未得到根治。[10]

第二，关于国有企业投资效率测度方面的研究。综合梳理相关文献，发现学术界关于国企效率的研究与测度主要基于两种方法。一部分学者采取了案例分析法，通过云南白药[11]和北京超市发[12]的混改案例以及对北京典型消费品行业国企管理者的访谈[13]探讨了国企的效率问题。还有部分学者通过不同的指标体系与数理模型计算得出了国企效率的代理变量。郝大明[14]构造了经济类型、企业规模、隶属关系和行业类别的虚拟变量，对国有企业的投入产出效率进行测算。王淼[15]运用过度投资或投资不足的程度度量了过期的资本配置效率。郭金花和杨瑞平[16]基于 OP 法进行了全要素生产率的测算以衡量国企效率。

第三，关于国有企业治理结构的研究。为提升国有企业效率，需要重点分析国有企业治理结构对提升国有企业效率的影响。从行政化的角度，国有企业应该从公共企业的本质出发对设立、运营和监管进行调整[17]，政府审计的结果也可以集中在滞后的两个期间内对国企效率的提升发挥作用。[18]从商业化的角度，从不同国企的功能出发合理选择资本结构是国企混合所有制改革的基本途径[19]，产品市场竞争、两职分离等内外部治理机制可以对政治晋升下的代理问题进行约束。[20]

第四，关于国有企业产权的研究。张屹山和杜娇[21]基于新制度主义经济学范式，探讨了交易成本的来源及对效率的影响机制，认为只有在效率分析的框架下理清混合所有制经营、国企分类监管和建立国有资本投资运营公司之间的层次和关系，才能真正提高国企效率，指导国企改革。然而，在现代产权制度的研究方面，学者的观点并不统一。部分学者主张通过降低国家资本的比重来降低国有企业政策性负担[22]，提高盈利能力。[23]然而，对于国企民营化的研究发现，大股东会更多地表现出掏空动机，抑制企业创新效率。[24]基于代理成本的逻辑[25]，革新落后的国有资产经营激励机制可能是改革的一个突破点。[26]

3. 研究趋势分析

为直观体现关键词聚类与年份的关系，绘制图 6 所示 TimeLine 图谱，其网络模块评价指标 Modularity Q 为 0.7171，表示聚类效果较好，且网络同质性平均值 Mean Silhouette 为 0.9294，表示聚类同质性较高且聚类是合理的，可以对数据进行进一步分析。横坐标代表关键词首次出现的时间，按其演进的时间路径将国有企业效率的研究内容分为以下三个阶段。

第一阶段（1996～2000 年），在现代企业制度的背景下，学者们以国企改革作为中心开启了对国企效率的探讨，研究的内容侧重于从产权、最优比例、出资制度等宏观层面展开对公司治理的讨论，主要关键词是"最优比例""协同发展""国有产权""宏观效率""外部性""产权主体""产权明晰""出资制度"等。

第二阶段（2001～2011 年），国企改革主要以国有资产管理体制改革的方式进行，学者们一方面从薪酬激励、国企员工、监事会、企业内控、社会保障等角度接续了对公司治理的研究；另一方面将交易费用作为研究效率问题的抓手，拓宽了国企效率的内涵和研究范围，对公平、代理权、企业、政企分离等问题进行了探讨。这个阶段文献资料的高频关键词是"职工持股""一股独大""绩效""企业""区域差异""社会反响"等。

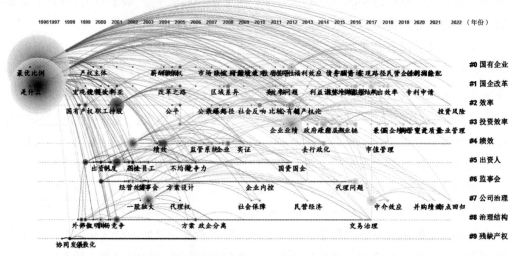

图6 国企效率研究关键词时序迁移图谱

第三阶段（2012～2022 年），以党的十八大的召开为标志，国企改革进入了全面市场化的新阶段，学者们开始通过创新效率、投资效率等更加科学的方法，开启了对于"国有经济""国企混改""国家审计"的研究。因此这个阶段"公有制""国有经济""投资效率""创新效率""企业绩效""内部控制""国企混改""国家审计"等关键词逐步成为研究热点受到关注。

4. 热点词突现分析

在时间线图谱的基础上，对关键词进行突现率检验，可以得到 4 个分布在不同年份的高强度突现性关键词。由图 7 可知，热点词"效率"在 2003～2013 年受到了较大的关注，而近 5 年的突现热点词依次为"投资效率""创新效率""国企混改"。这些热点词内容上逐渐递进，时间上与国家战略的提出与落实同步，表明我国国企效率的研究具有明显的政策导向性。

Keywords	Year	Strength	Begin	End	1996~2022
效率	1996	5.11	2003	2013	
投资效率	1996	6.34	2018	2022	
创新效率	1996	4.62	2018	2022	
国企混改	1996	4.65	2019	2022	

图7 国企效率研究的热点词突现情况

五、结论和讨论

本文利用 CiteSpace 对来自中国知网数据库的 483 篇国企效率研究文献进行了计量学统计和可视化分析，得到如下结论：首先，从发文情况上看，2012 年以来越来越多的学者关注到国企效率相关问题的研究，但并没有形成明显的合作网络，学术联系不够密切。未来建议作者与核心机构间加强学术联系，共同推进国企效率研究的深化。其次，从研究内容上看，"公司治理""国企改制""国家治理""产权残缺"等关键词的中心性和频次排名比较靠前。根据关键词聚类分析结果可以将国企效率研究内容归纳为以下四个主要的研究热点问题，分别是关于国有企业内涵与改革方向的研究、关于国有企业投资效率测度方面的研究、关于国有企业治理结构的研究、关于国有企业产权的研究。未来可以通过引入新的适用性实证方法增加国企效率研究的可推广性。最后，从发展趋势上看，在继承关于公司治理、产权、交易成本等方面研究的基础上，"投资效率""创新效率""公有制""国有经济""内部控制""国企混改""国家审计"等关键词近年来逐步成为研究热点受到学者们关注。未来应持续关注国有企业改革实践，总结实践经验，进行多层次研究，完备国企效率研究的理论框架。

参 考 文 献

[1] 胡际权. 国有资本运营公司改革探索：逻辑框架与现实例证 [J]. 西南大学学报（社会科学版），2022，48（4）：121 - 129.

[2] 周业安，高岭. 国有企业的制度再造——观点反思和逻辑重构 [J]. 中国人民大学学报，2017，31（4）：38 - 47.

[3] 王子军，张海清，吴敬学. 当前国资国企改革发展领域几点争论的述评 [J]. 经济体制改革，2012（2）：158 - 163.

[4] 李刚磊，邵云飞. 混合所有制改革如何影响企业创新？研究述评及未来展望 [J]. 技术经济，2021，40（9）：122 - 136.

[5] 洪功翔. 国有企业效率研究：进展、论争与评述 [J]. 政治经济学评论，2014，5（3）：180 - 195.

[6] 王罗汉，李钢. 国有企业效率研究 [J]. 经济与管理研究，2014（6）：27 - 32.

[7] 和军. 国有经济效率与公平争议辨析 [J]. 理论月刊，2012（9）：133 - 136.

[8] 郭檬楠，吴秋生，郭金花. 国家审计、社会监督与国有企业创新 [J]. 审计研究，2021（2）：25 - 34.

[9] 叶陈刚，黄冠华，朱郭一鸣. 审计管理体制改革与地方国有企业投资效率——基于地方审计机关人财物试点改革的自然实验 [J]. 审计与经济研究，2021，36（3）：1-11.

[10] 黄群慧，余菁. 国有企业改革的进程、效率与未来方向 [J]. 南京大学学报（哲学·人文科学·社会科学），2019，56（1）：87-98，160.

[11] 沈红波，张金清，张广婷. 国有企业混合所有制改革中的控制权安排——基于云南白药混改的案例研究 [J]. 管理世界，2019，35（10）：206-217.

[12] 王晓东，武子歆，王诗桪. 国有体制、民营机制、先进企业家意识与流通企业效率实现：超市发的案例研究 [J]. 商业经济与管理，2020（12）：5-14.

[13] 谢莉娟，王晓东，张昊. 产业链视角下的国有企业效率实现机制——基于消费品行业的多案例诠释 [J]. 管理世界，2016（4）：150-167.

[14] 郝大明. 国有企业公司制改革效率的实证分析 [J]. 经济研究，2006（7）：61-72.

[15] 王淼. 政府干预、公司治理与国有企业的资本配置效率 [J]. 华东经济管理，2016，30（3）：34-41.

[16] 郭金花，杨瑞平. 国家审计能促进国有企业全要素生产率增长吗？[J]. 审计与经济研究，2020，35（5）：1-9.

[17] 蒋大兴. 国企为何需要行政化的治理——一种被忽略的效率性解释 [J]. 现代法学，2014，36（5）：14-28.

[18] 蔡利，马可哪呐. 政府审计与国企治理效率——基于央企控股上市公司的经验证据 [J]. 审计研究，2014（6）：48-56.

[19] 张兆国，陈华东，郑宝红. 资本结构视角下国企混合所有制改革中几个问题的思考 [J]. 宏观经济研究，2016（1）：86-92.

[20] 钱爱民，张晨宇. 国企高管政治晋升与公司现金持有：寻租还是效率 [J]. 中南财经政法大学学报，2017（5）：42-51，159.

[21] 张屹山，杜娇. 交易、治理与国有企业改革的经济效率 [J]. 社会科学战线，2017（9）：43-51.

[22] 陈林，唐杨柳. 混合所有制改革与国有企业政策性负担——基于早期国企产权改革大数据的实证研究 [J]. 经济学家，2014（11）：13-23.

[23] 廖红伟，丁方. 产权多元化对国企经济社会绩效的综合影响——基于大样本数据的实证分析 [J]. 社会科学研究，2016（6）：29-36.

[24] 钟昀珈，张晨宇，陈德球. 国企民营化与企业创新效率：促进还是抑制？[J]. 财经研究，2016，42（7）：4-15.

［25］陈和，杨舜贤，隋广军，王海洋. 问责制度、产权变迁与国企改革：基于代理成本的分析［J］. 当代经济科学，2007（5）：1 – 8，124.

［26］綦好东，郭骏超，朱炜. 国有企业混合所有制改革：动力、阻力与实现路径［J］. 管理世界，2017（10）：8 – 19.

Knowledge Mapping Research on the Efficiency of State – Owned Enterprise

Kong Xiao   Du Yixuan

Abstract：In order to investigate the research hotspot and frontier trend of the efficiency of state-owned enterprises, this paper utilized CiteSpace software to visualize the association of 483 related literature collected from CNKI from 1996 to 2022, and explored the key research content and research hotspot of the efficiency of state-owned enterprises. The results showed that, the annual volume of papers on the efficiency of state-owned enterprises is growing gradually, and no extensive cooperation network among scholars has been formed. The research hotspots mainly focused on the reform of State-owned enterprises, efficiency measurement, transaction costs and property rights. The mixed-ownership reform of state-owned Enterprises and national auditing have become the current pop issue and front problem. We should strengthen the research cooperation network and introduce new empirical methods to further expand the practical application scope of state-owned enterprise reform.

Keywords：state-owned enterprise   efficiency   CiteSpace

中国数字营商环境的测度评价：
区域差异与动态演进[*]

蔡 璐 李春平[**]

摘 要： 数字经济的蓬勃发展需要配套的数字营商环境作为保障。本文选择数字基础设施、数字市场环境、数字政务服务、数字法治规则、数字创新环境5个维度，构建中国数字营商环境评价体系。运用改进熵值法、核密度分析，对2011～2020年中国30个省份的数字营商环境水平进行测度。研究发现：全国数字营商环境水平不断提高但水平较低，数字基础设施的贡献最大，数字法治规则的贡献最小。东中西区域呈阶梯状发展，地区间差距扩大。因此，应积极推进数字营商环境评价工作并与国际对标；保持东部等领先地区发展优势，并给予中西部更多政策激励；形成"以强带弱""以点带面"的空间格局。

关键词： 数字营商环境 测度评价 熵值法 核密度 数字经济

一、引 言

2020年亚太经合组织第二十七次领导人非正式会议上，我国首次提出"数字营商环境"。《"十四五"数字经济发展规划》提出要更加优化数字营商环境。2021年我国在G20经济体中数字营商环境排名第九，中国数字经济发展跻身世界前列。数字经济遵循不同于传统产业的发展规律，数字化转型需要配套的数字营商环境作为保

* 基金项目：2022江苏省教育厅高校哲学社会科学研究项目"数字经济背景下江苏省碳排放驱动因素及峰值预测研究"（2022SJYB1405）。

** 作者简介：蔡璐（1986～），女，辽宁沈阳人，常州机电职业技术学院讲师，博士，研究方向：营商环境、数字经济；李春平（1975～），女，内蒙古呼伦贝尔人，辽宁大学金融与贸易学院馆员，研究方向：公共管理。

障。数字经济赋能传统营商环境，将更好地激发市场主体活力，释放数字经济潜力。

改革开放后，我国营商环境经历了建设发展硬环境、制度软环境、数字营商环境的不同阶段，形成了我国优化营商环境的具体实践。国内数字经济与数字社会的发展构建了数字营商环境的需求语境；数字政府的实践构建了数字营商环境的应用语境。加快构建适合我国数字经济发展特色的数字营商环境评价体系，以期为实现数字经济高质量发展夯实根基。

二、相关研究文献评述

国内研究将"放管服"改革向适应数字空间泛在化趋势下的数字治理转型，利用数据具备的经济与治理二元属性，重构数字经济中市场与政府的关系（孙源等，2021）[1]。为构建与企业数字化转型相配套的数字营商环境，从建设数字基础设施、规范数字平台服务、保障市场公平竞争、加强网络安全、提升政府监管5个维度18项工作提出了政策框架（马骏等[2]，2020；马源、高太山[3]，2020）。市场准入制度、消费者保护、法治保障、数字化人才供给等要素，也被纳入数字营商环境的评价体系（马晓瑞、畅红琴[4]，2021）。聚焦具体区域，粤港澳大湾区从跨区域数字营商环境、数字创新要素、企业数字化转型意愿、数字化价值探索方面对数字营商环境的建设进行论述（艾尚乐[5]，2021）。以税务活动作为切入点，讨论了浙江省数字营商环境的8项指标，探索税收营商环境的数字化路径（龙岳辉、劳晓峰[6]，2022）。

国外主流研究以世界银行、世界经济论坛等国际组织关注的数字基础设施、数字经济创新、数据安全、竞争与消费者保护、监管与服务5个维度，作为数字营商环境的评价指标（World Bank[7]，2019；World Economic Forum[8]，2019）。现有研究一方面对数字营商环境进行试评价，如世界银行在原有营商环境评估之上增加了数字营商指标，以数据作为市场要素，但缺乏整体反映数字营商环境的全貌。以评价"数字企业"的商业环境为目标，选择包括基础因素（世界银行营商环境、数据可得性、数字模拟基础）与平台因素（电子商务、数字媒体、共享经济、在线自由职业者）两大主体的评价体系（Chakravorti[9]，2019）。另一方面对数字营商环境的具体领域进行专题评价，包括国际电信联盟2009年提出的信息通信技术发展指数[10]、联合国贸易和发展会议2014年提出的电子商务指数[11]、联合国经济和社会事务部2011年提出的电子政府发展指数[12]。数字信息技术作为数字营商环境的核心要素，从组织层面为企业提供整体服务；从流程层面提高企业办事的满意感；从技术层面将数字政府运作视为发展目标（Dunleavy P et al.[13]，2006）。

综上所述，国内文献多集中于从数字政府转型、数字经济等角度出发，以定性的方法进行研究，缺少数据支撑。国外观点主要以打补丁的形式提出了数字营商指标，割裂了传统商事活动与数字经济间的互动，也忽略了数据作为市场要素与治理供给的二元属性。现有评价对象多为国家层面，导致省级、区域数字营商环境难以衡量。综合现有研究，本文思考数字空间泛在化趋势下的数字营商环境中政府与市场关系的重构，将数据的二元属性纳入到数字营商环境评价体系之中。收集"全样本"省级数据，定量分析测算我国数字营商环境的整体发展、区域差异与动态演进，为客观认识我国数字营商环境发展现状与优化完善，提供参考借鉴。

三、数字营商环境评价体系构建的理论分析

数字营商环境既包括利用数字技术对传统营商环境的提升，也包括面向数字经济市场主体提供完整生命周期中所需的新型营商环境。数字营商环境具备天然的"数智化"优势，有效助力营造高效、公平、透明的政务商务服务体系。本文借鉴国际经验，结合我国国情，重视传统商事活动与数字经济间的互动，考虑数据作为市场要素与治理供给的二元属性，选择数字基础设施、数字市场环境、数字政务服务、数字法治规则、数字创新环境5个维度，构建我国数字营商环境评价体系的理论框架（见图1）。为识别我国数字营商环境的整体发展、区域差异与动态演进奠定理论基础。

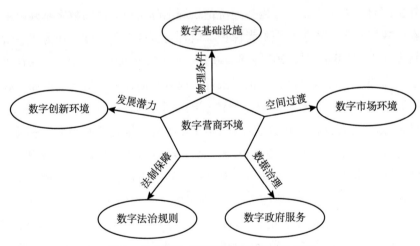

图1 数字营商环境评价体系的理论框架

数字基础设施作为数字营商硬环境，为数字经济下产业发展提供了基本物质条件。数字基础设施是一个由数字化设备和技术、电子通信、数字服务组成的系统，为社会提供创新和数字化活动[14]。数字基础设施深度挖掘数据的潜在价值，精准掌握数字空间中市场、政府的动态，为实现数据的二元属性提供了智能化的设施载体。中国于2015年提出"互联网＋"战略，2021年底互联网普及率达73%，已建成全球规模最大的光纤通信与5G网络。硬环境迈入全球领先行列，为产业转型和技术竞争提供新优势，为中国实现后来居上、弯道超车提供可行路径。

数字市场环境体现了市场主体的生产生活方式从物理空间向数字空间的过渡。塑造公平竞争的数字市场环境，合理有效的配置资源要素，提高传统商事活动与数字经济融合程度，积极发挥数据要素的经济属性。数据要素的市场化是数据要素优化配置的基础，能够激发数据供需双方以竞争的价格在市场上获得所需数据，是数字经济保持蓬勃发展的内生动力（刘满凤等[15]，2022）。2020年中国数字经济规模达39.2万亿元，增速达9.7%，成为缓解疫情冲击的有利举措和稳定经济增长的关键动力。

数字政务服务表明了数据作为治理要素的供给属性。数字政务服务突破了政府与市场主体间的物理空间限制，在数据空间中通过"一网通办""数据跑路"等形式作为主流政府治理模式，提高办事效率、降低办事成本、提升办事满意度[16,17]。2019年中国提出数字政府战略，疫情期间全国一体化政务服务平台推出700余项服务，为33亿人次提供一网通办服务。数字政府的进步有助于减少行政和监管负担，创造更利于数字商业的环境。治理效率也在促进业务发展方面发挥重要作用[18~21]。在数字营商环境的影响因素中，印度提出了放松、废除不必要合规性的建议。如英国的"一进一出"的监管实践，以降低合规成本，并在立法过程中将监管影响评估制度化[22]。

数字法治规则是数字经济活动的法律保障，是数字经济发展的最后一道防线。商业法规的改进有利于新企业的注册[23]。这一发现促使各国引入立法，以减少新企业创建的"障碍"[24]。清单制度充分实践了"法无禁止即可为"的理念，产生了诸多积极效果[25]。2021年《数据安全法》《个人信息保护法》正式实施，标志着中国政府对数据要素保护的高度重视。一方面，中国积极探索数字经济和传统经济的发展与合作；另一方面数据要素也迫切寻求保护与自由、开发与安全之间的平衡。与数字经济相匹配的"游戏规则"亟需搭建，是提升数字经济国际竞争力的当务之急。

数字创新环境为数字经济发展提供发展潜力。人口数字素养通过"提高效率""鼓励创新""促进包容性"，有利于形成公平、平衡、健康、可持续发展的数字营商环境[26]。大学生作为具有高学历、高知识储备的人力资源，是数字空间的创造者、生力军，是未来数字经济的主导者（凌征强[27]，2020）。大学生具有较强的学习意识，能够利用智慧校园、数字图书馆等数字信息技术设施，成为顺应数字化社会发展的数字化人才（陈怀超等[28]，2020）。创业氛围作为一种非正式制度，通过文化—态度—行为的路径增强数字经济市场主体的获得感，构建数字创新的友好环境作为培育创新的土壤，吸引更多市场主体的聚集，探索数字技术研究成果的转化。

四、数字营商环境的测度方法

1. 数字营商环境评价体系

基于前文对数字营商环境评价体系理论框架的分析，遵循科学性、合理性、可得性原则，建立包含数字基础设施、数字市场环境、数字政务服务、数字法治规则、数字创新环境 5 个一级指标，13 个二级指标，23 个三级指标的评价体系，如表 1 所示。

表 1   数字营商环境评价体系

一级指标	二级指标	三级指标	权重
数字基础设施	网络连接	互联网接入端口	0.044
		域名数	0.042
		移动电话普及率	0.045
	通信设施	光缆线路长度	0.044
		移动基站数	0.044
	交通物流	公路里程	0.045
		货运量	0.044
数字市场环境	经济发展	人均GDP	0.045
		软件业收入	0.042
		FDI	0.042
	市场规模	电子商务销售额	0.045
		每百家企业拥有网站数	0.042
	数据要素	数字普惠金融指数	0.045
数字政务服务	政府支出	一般公共预算支出中科学技术支出占比	0.044
	财税政策	软件服务行业企业所得税收	0.036
	电子政务	政府网站绩效指数	0.045
数字法治规则	司法文明	司法文明指数	0.045
	知识产权保护	专利申请授权数	0.042

一级指标	二级指标	三级指标	权重
数字创新环境	人口数字素养	高等学校平均在校生数	0.045
		高等教育学校固定资产	0.044
		软件业从业人员	0.042
	创业文化	研究与试验发展支出	0.042
		众创空间数量	0.043

本文选取 2011～2020 年 30 个省份的数据（除西藏），数据来自《中国统计年鉴》、国研网、EPS 数据库、《数字普惠金融指数》《政府绩效评估报告》和《中国司法文明指数报告》。缺少数值用插值法补足。

2. 评价方法

（1）改进熵值法。为了较好地消除主观因素的影响，本文采用客观的熵值法确定数字营商环境中各指标的权重。有 m 个省份、n 个指标、r 年，X_{tij} 表示第 t 年第 i 省第 j 项指标的原始数据。考虑到传统熵值法无法适用于面板数据，参考蔡璐[29]（2020）选择改进的熵值法进行计算，具体步骤如下：

第一步，为了去除评价指标不同量纲的影响，对数据进行标准化处理：

正向指标：$X'_{tij} = \dfrac{X_{tij}}{X_{jmax}}$；负向指标：$X'_{tij} = \dfrac{X_{jmin}}{X_{tij}}$

第二步，计算各指标比重：

$$Y_{tij} = \frac{X'_{tij}}{\sum\limits_{t=1}^{r} \sum\limits_{i=1}^{m} X'_{tij}}$$

第三步，计算第 j 项指标的信息熵值：

$$e_j = -k \sum\limits_{t=1}^{r} \sum\limits_{i=1}^{m} (Y_{tij} \times \ln Y_{tij}) \text{，其中 } k = \frac{1}{\ln rm}$$

第四步，计算第 j 项指标的权重：

$$w_j = \frac{1 - e_j}{\sum\limits_{j=1}^{n} 1 - e_j}$$

第五步，计算各对象数字营商环境综合指数：

$$U_{ti} = \sum\limits_{j=1}^{n} (w_j \times X'_{tij}) \text{，} 0 \leqslant U_{ti} \leqslant 1$$

（2）核密度估计。核密度估计是一种非参数估计方法，可直观地理解为"光滑"

的概率密度直方图，用连续的密度曲线描述地区数字营商环境水平的分布特征。j 区域数字营商环境水平的密度函数为：

$$f_j(x) = \frac{1}{n_j h} \sum_{i=1}^{n_j} K\left(\frac{X_{ji} - x}{h}\right)$$

式中，n 为观测值数量，X_i 为样本值，x 为均值，h 为带宽，K（·）为密度函数，选择高斯核密度函数。

五、数字营商环境的评价结果

数字营商环境有以下时空特征。

（1）全国整体层面。利用改进的熵值法计算得到 2011～2020 年 30 个省份数字营商环境评价体系的指标权重（见图 2）。图 2 中全国数字营商环境水平逐年上升，从 2011 年的 0.215 增长到 2020 年的 0.392，10 年间增长了 81.95%，整体水平仍较低。2015 年的增长率为 10.17%，为 10 年间最高水平。

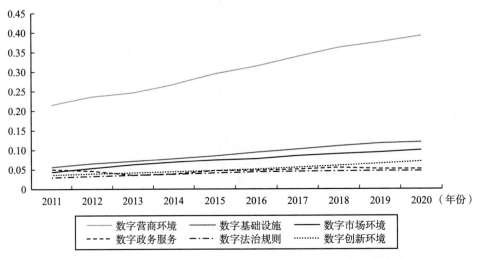

图 2　2011～2020 年全国数字营商环境及子系统水平变化

五大子系统在观测期均保持增长状态。数字基础设施是用数据表达新型生产力结构和生产关系，并用以支撑数字营商环境建设的底层架构和技术基础，表现出数据作为市场要素的经济属性，对数字营商环境的贡献最大（0.309）。数字市场环境为新业态、新模式的发展提供了便利性条件，与传统经济的融合联接加快传统产业的数字化转型，激发市场活力，对数字营商环境的贡献为 0.261。数字政务服务对数字营商环境的贡献为 0.125。数字创新环境对数字营商环境的贡献为 0.217。数字法治规则的贡献最小（0.088）。

为了更细致地捕捉数字营商环境水平绝对差异的动态信息，采用核密度估计探析全国数字营商环境建设水平的分布、态势、极化、延展性的动态特征（见图3）。观测期内数字营商环境水平分布曲线中心向右移动，说明全国数字营商环境水平明显上升，集中在 0.1 ~ 0.4 之间，整体水平不高。另外，峰值逐渐下降且曲线宽度增加，各省份差异存在明显扩大趋势。右拖尾逐年拉长，分布延展性逐渐拓宽。

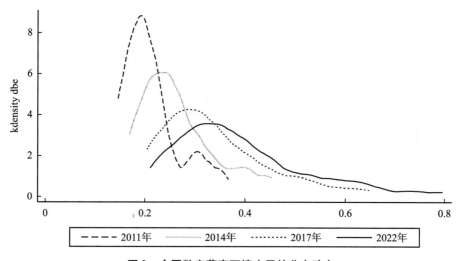

图3　全国数字营商环境水平的分布动态

研究结果表明，2015 年中国全面实施"互联网 +"战略，积极鼓励数字经济与实体经济融合发展。同时"互联网 +"政务服务的提出，促进了"在线服务 2.0"的转变，推动了数字营商环境水平的提高。2019 年底在新冠肺炎疫情暴发的影响下，数字经济对缓解社会经济冲击发挥了巨大作用。科技进步与放松过度的市场准入促进数字经济规模的不断扩大，新业态、新模式的产生倒逼数字治理模式的创新与发展，促进了 2020 年数字营商环境水平进一步提升。

具体来看，"十三五"时期中国持续推进 5G、IPV6、区块链、工业互联网等新型数字基础设施的建设，夯实数字营商"硬环境"。《全国深化"放管服"改革优化营商环境电视电话会议重点任务分工方案》提出放宽数字经济领域市场准入的多项举措。2019 年中国首次提出数字政府战略，极大提升了监管准确度与服务便利度，加速实现政府监管与服务的数字化转型，数据的治理供给属性凸显。新冠肺炎疫情暴发与科技革命的变革，形成了协同数字治理新格局，建设数智化监管体系的智慧化服务型政府。《提升全民数字素养与技能行动纲要（2021—2035年)》提出：到2025年全民数字素养与数字技能达到发达国家水平，到2035年基本建成数字人才强国，全民数字素养与技能等能力达到更高水平。提高全民数字素养为创业活动提供了基本技能与发展潜力。2021年《电子商务法》《数据安全法》相继颁布。目前浙江、广东等省份发布了数字市场地方性法规，探索数据权益保护和数据流通利用规则。但地方数字市场的立法仍较保守和谨慎，创新性制度规则较少，是其贡献度较低的可能原因。

（2）三大区域层面。2011～2020年东中西部数字营商环境水平的变化趋势，如图4所示。观测期内东部地区评价指数显著高于全国平均水平，中西部地区低于全国平均水平。总体来看，三大区域均保持上升态势，保持较高的增速。观测期内全国及东中西部年增长率分别为6.88%、7.15%、7.06%和6.31%。东部表现为增速发展态势，中部凸显赶超全国的趋势，而西部与其他区域差距逐渐扩大。

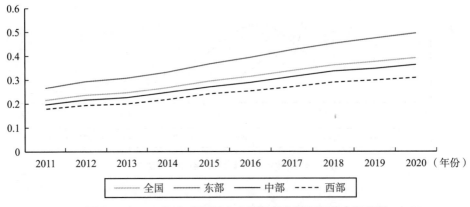

图4　2011～2020年全国及东中西部数字营商环境水平变化

图5～图7展示了代表年份东中西部数字营商环境建设水平的分布、态势、极化、延展性的动态特征。首先，从三大区域层面看，东中西部曲线中心右移明显，三大区域的数字营商环境水平均表现出上升趋势，且东中西水平递减；其次，三大区域存在一定"弱双峰"现象且逐年减弱，在观测期均转为单峰；最后，三大区域从2017年后出现右拖尾且逐年增强。

由于各区域经济发展、资源禀赋、政策制度等存在差异，数字营商环境建设取得的阶段性成果表现为东中西递减。解释了2017年后数字营商环境高水平省份与其他省份差距持续拉大的原因。

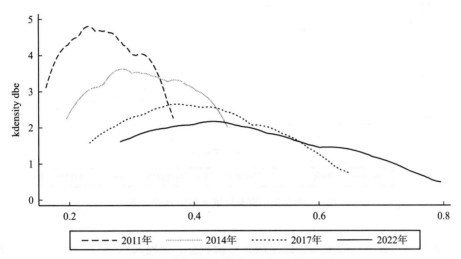

图5　东部数字营商环境水平的分布动态

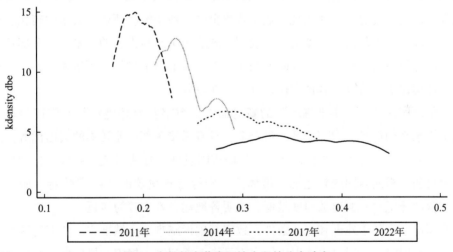

图6　中部数字营商环境水平的分布动态

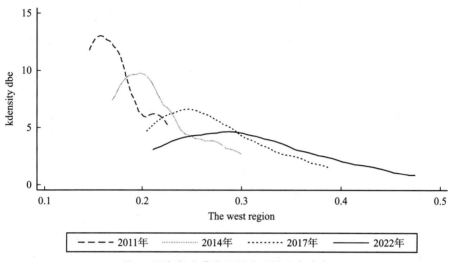

图7　西部数字营商环境水平的分布动态

东部地区的数字政府改革领跑全国，对新业态、新模式选择"一指减负""亲情在线"等惠企场景，夯实市场在资源配置中的决定性地位。东部地理与交通条件便利，数字基础设施建设更加完善，"宽带中国"试点进一步提升了东部网络覆盖率，互联网 3.0 时代给予社会大众去中心化的网络。东部城市在"抢人大战"、创新要素聚集等方面更具优势，加速实现了数字普惠金融、数字经济新业态成果的转化。东部数字营商环境水平的离散程度最高，说明在缺乏历史经验借鉴的背景下，东部各省份数字营商环境建设水平各异。同时，区域内部极端值与平均值差距增大，如广东省数字营商环境水平显著高于其他省份，且不存在收敛。

中部地区在开创"中部崛起"的新局面下，数字营商环境水平的增速表现出对全国平均水平的追赶。中部地区人口众多，具有承接东部产业转移的突出优势，实现大数据产业价值链升级。"中部金三角"城市圈发展，加快传统产业数字化转型。构建纵向贯通、横向协同的新业态发展体系，推行跨省覆盖的"数字政府"服务。中部数字营商环境水平的离散程度最低，说明各地建设效果较为接近。

西部地区受限于地理和交通条件，数字基础设施难以全域推广。西部地区数字经济新业态发展滞后，同时人才引进能力不足。考虑到城市规模的异质性，西部地区拥有更多的三线以下城市，这些城市缺乏充分的数字资源与基础条件，抑制了数字基础设施、数字人口素养、数字创新文化的提升。这些因素导致了西部数字营商环境水平与其他地区差距逐渐扩大。但 2014 年后区域内的两极分化现象逐渐转弱，西部省份数字营商环境水平在提高的同时差异度降低。

六、结论与启示

1. 研究结论

本文借鉴国际先进经验，结合我国数字经济发展特色，依据数字营商环境内涵，重视传统商事活动与数字经济间的互动，考虑数据作为市场要素与治理供给的二元属性，选择数字基础设施、数字市场环境、数字政务服务、数字法治规则、数字创新环境 5 个维度，13 个二级指标，23 个三级指标，构建我国数字营商环境评价指标体系。运用改进的熵值法、核密度分析，对数字营商环境及子系统进行测度。进一步刻画全国、东中西部数字营商环境的整体特征、维度特征、地区差异与动态演进。得到以下结论：

全国数字营商环境水平不断提高，从 2011 年的 0.215 增长到 2020 年的 0.392，10 年间增长了 81.95%，但仍处于较低水平。说明中国数字营商环境的发展存在机会与挑战，这与 Anglès V[30]（2019）的研究保持一致。2015 年全面实施的"互联网＋"战略，促进了数字经济发展与数字政府实践，推动了数字营商环境水平的提高。2019 年底新冠肺炎疫情暴发后，科技进步与放松过度的市场准入促进数字经济规模的不断扩大，新业态、新模式的产生倒逼数字治理模式的发展与创新，进一步提高了数字营商环境水平。

5 个维度均保持增长趋势，数字基础设施的贡献最大、得分最高，数字法治规则的贡献最小、得分最低。2015 年"互联网＋"战略及"十三五"时期持续推进新型数字基础设施建设，增强了传统商事活动与数字经济的融合与联接，为数字经济发展提供了技术支撑。放宽数字市场准入，为各类数字经济市场主体提供政策支撑。2019 年数字政府战略与疫情常态化，加速形成了多元协同、数智化的服务型政府治理，发挥数据的治理供给属性。人口数字素养与新业态、新模式创业文化，从供给侧角度为数字经济发展提供要素支持，表现出数字经济的发展潜力。少数地区颁布了数字市场地方性法规，但较为保守和谨慎，是数字法治规则贡献度较低的可能原因。

从绝对值看，东部地区数字营商环境水平遥遥领先，中西部地区低于全国平均水平，呈现东中西阶梯性发展。从增长率看，东部表现出加速发展趋势，中部凸显赶超全国平均的趋势，而西部与其他区域的差距逐渐扩大。10 年间，各地区数字营商环境发展水平集中程度降低，地区间差距扩大，东部地区发展各异。区域内两极分化现象逐渐好转，区域内省份增长水平存在追赶态势，西部于 2014 年最早消除了两极分化，区域内省份差异度降低。2017 年后三大区域内部极端值与平均值差距增大，如广东、四川、湖北领先于所在区域其他省份，表现出点状领先优势。

2. 政策启示

根据研究结论，为推进我国数字营商环境建设，可从如下方面开展工作：

（1）积极推进数字营商环境评价工作。适应数字空间在经济、社会、治理、文化、生态等领域的泛在化趋势，思考数据作为市场要素与治理供给的二元属性。重视数字基础设施、数字市场环境、数字政务服务、数字法治规则、数字创新环境对数字营商环境的积极贡献。科学评价数字营商环境发展水平，有助于激发数字经济市场主体活力，调动数字经济市场创业热情，积蓄数字经济市场发展新潜能新动力。同时，加快数字营商环境评价体系与国际对标，将有效提升"后疫情时代"我国对外开放水平，为国内企业融入世界分工体系，提供更多市场机遇、投资机遇和增长机遇。

（2）大力推进数字技术设施建设。通过数字基础设施联接数据、技术、人才等要素资源，推动传统产业的数字化转型和数字产业化的应用普及。政府应树立对数字基础设施的理性认识，其不仅作为短期刺激经济增长的着力点，更重要的是将其作为推动长期经济结构升级、新旧动能转化的重要支撑。注重数字基础设施与现有产业的融合，催生新业态、新模式发展，充分发挥数字基础设施的能动作用。

（3）加速构建高效公平的数字市场环境。加强制度供给，持续推进"一业一证"等放宽数字市场准入的措施，发挥市场在资源配置中的决定性地位。落地数字经济与传统经济的融合，持续助力农业数字化转型，加速推进数字技术融入智能制造业的生产实践，大力培育现代服务业新业态，拓宽服务新领域，实现生产消费的新平衡。从使用权、所有权、收益分配权方面构建动态化的数据权属机制，降低数据循环制度成本。打破数据交换壁垒，实现流动自主有序，配置高效公平的数据流通环境。

（4）推进包容、审慎、敏捷的数字政府治理模式。对数字经济下的新业态、新模式采取包容、审慎、敏捷的治理模式，给予数字经济市场主体发展新动能的环境，政府机构需要积极适应不断变化的数字市场环境、公众需求、公共价值。积极推进"一网通办""数据跑腿"形式的业务在线受理与审批，提高市场主体满意度，优化数字政务服务水平。在增强数字市场准入便利性的同时，发挥数据技术的整合、归集、分析、评估、共享等功能，描绘市场全景画像，实现精准监管、智慧监管、协同监管。

（5）同步推进数据安全保护的法治规范。在平衡数字经济安全与发展的思想下，针对数据类型与分级采取差异化的数据安全风险防范、预警与应急处理机制，维护数字经济秩序与安全，保障数字市场主体权益。利用法治规范和机制构建牢固数据链条的"安全屏障"，通过立法、司法和执法保护、协调、促进数字经济的安全健康有序发展。

（6）积极营造友好的数字创新环境。构建数字创新友好环境作为培植数字经济创新的土壤。培育高质量数字领域人才，推动高等学校数字技术研究成果转化。增加劳动者数字技能培训，提高我国人口数字素养。调动多方面人才与资源，推进数字技术的产学研用合作。大力支持企业数字技术开发与创新，施行减税优惠和财政补助政策，培育数字技术创新与研发主体。调动多方面人才与资源，推进数字技术的产学研用合作。

（7）促进全国数字营商环境一体化协同发展。观测期内，地区间数字营商环境发展水平差距扩大，制约了全国整体数字营商环境建设的脚步。牢固树立全国"一盘棋"思想，各地深入推进实施"十四五"数字经济发展规划，扫清制约数字空间发展的障碍，引领数字经济健康有序的发展。出台因地制宜的政策支持，发挥自身优势，补齐自身短板，制定具有地方特色的数字营商环境提升路径。东部地区和领先省份在着眼区域内部实现提升的同时，辐射带动周边地区，形成"以强带弱""以点带面"的空间格局。加强区域间在数字基础设施建设、数字人才素养培育、数字市场准入、数字政府等方面的经验借鉴，逐步缩小省市、区域间的发展差距，促进全国数字营商环境一体化协同发展。

参 考 文 献

[1] 孙源，章昌平，商容轩，米加宁. 数字营商环境：从世界银行评价标准到中国方案 [J]. 学海，2021（4）：151-159.

[2] 马骏，马源，高太山. 优化数字经济营商环境：政策框架与重点任务 [J]. 发展研究，2020（10）：47-51.

[3] 马源，高太山. 数字经济营商环境：国际指标框架及政策指向 [J]. 发展研究，2020（11）：45-50.

[4] 马晓瑞，畅红琴. 营商环境与数字经济发展的定性比较分析 [J]. 管理现代化，2021，41（4）：51-54.

[5] 艾尚乐. 粤港澳大湾区数字营商环境构建的核心问题与发展对策 [J]. 商业经济研究，2021（19）：170-173.

[6] 龙岳辉，劳晓峰. 以数字化改革优化营商环境的税务绩效管理创新研究——以浙江省为例 [J]. 中国行政管理，2022（3）：155-157.

[7] Wold Bank, Digital Business Indicators Methodology Notes [EB/OL]. https：//

documents1. worldbank. org/curated/en/675241563969185669/pdf/Policy – and – Regulatory – Issues – with – Digital – Businesses. pdf.

［8］ World Economic Forum, The Global Competitiveness Report 2019 ［EB/OL］. https：//www3. weforum. org/docs/WEF_TheGlobalCompetitivenessReport2019. pdf.

［9］ Chakravorti B, Fillpovic C, Chaturvedi R S. Ease of doing digital business 2019 ［J］. *Which Countries Help Expedite Entry, Growth, and Exit of Technology – Based Businesses*, 2019.

［10］ International Telecommunication Union, The ICT Development Index ［EB/OL］. https：//www. itu. int/hub/pubs/.

［11］ United Nations Conference on Trade and Development, B2C E – Commerce Index 2019 ［EB/OL］. https：//unctad. org/en/pages/PublicationWebflyer. aspx? publicationid = 2586.

［12］ The United Nations, E – Government Survey 2020：Digital Government in the Decade of Action for Sustainable Development ［EB/OL］. https：//publicadministration. un. org/egovkb/en – us/Reports/UN – E – Government – Survey – 2020.

［13］ Dunleavy P, Margetts H, Tinkler B J. New Public Management is Dead：Long Live Digital – Era Governance ［J］. *Journal of Public Administration Research & Theory J Part*, 2006, 16（3）：467 – 494.

［14］ Magliocca P. Doing business digitally. A textbook. Department of Public Management Cracow University of Economics, Poland, Cracow, 2021：75.

［15］ 刘满凤, 杨杰, 陈梁. 数据要素市场建设与城市数字经济发展 ［J］. 当代财经, 2022（1）：102 – 112.

［16］ Fan Hejun, Wu Ting, He Sijin. How Does "Internet + Government Service" Platform Optimize City's Doing Business Environment? A Study based on Interactive Governance Perspective ［J］. *Management World*, 2022, 38（10）：126 – 153.

［17］ De Blasio E, Selva D. Implementing Open Government：A Qualitative Comparative Analysis of Digital Platforms in France, Italy and United Kingdom, *Quality & Quantity*, 2019（53）：871 – 896.

［18］ Martins J, Veiga L G. Digital government as a business facilitator ［J］. *Information Economics and Policy*, 2022（60）：100990.

［19］ Bertot J C, Jaeger P T, Grimes J M. Using ICTs to create a culture of transparency：E – government and social media as openness and anti-corruption tools for societies ［J］. *Government Information Quarterly*, 2010, 27（3）：264 – 271.

［20］Elbahnasawy N G. Can E-government limit the scope of the informal economy? ［J］. *World Development*, 2021（139）: 105341.

［21］Martins J, Veiga L, Fernandes B. Does Electronic Government Deter Cor-ruption? Evidence from across the World. University of Minho NIPE Working Paper 2. 2021.

［22］Sharma N. Impact of Unnecessary Compliances on Ease of Doing Digital Business in India. 2022.

［23］Djankov S. The Regulation of Entry: A Survey. The World Bank Research Observer, 2009, 24（2）: 183 – 203.

［24］Van Stel A, Storey D J, Thurik A R. The effect of business regulations on nascent and young business entrepreneurship ［J］. *Small Business Economics*, 2007, 28（2）: 171 – 186.

［25］Syazali M, Putra F, Rinaldi A, et al. Retracted: Partial correlation analysis using multiple linear regression: Impact on business environment of digital marketing interest in the era of industrial revolution 4. 0 ［J］. *Management Science Letters*, 2019, 9（11）: 1875 – 1886.

［26］Wang Z, Li X, Li J, et al. Theoretical Research on the Mechanism of Improving Digital Literacy for Optimizing Doing – Digital – Business Environment ［C］//Proceedings of the 4th International Conference on Economic Management and Green Development. Springer, Singapore, 2021: 487 – 498.

［27］凌征强. 我国大学生数字素养现状、问题与教育路径 ［J］. 情报理论与实践, 2020, 43（7）: 43 – 47, 53.

［28］陈怀超, 田晓煜, 范建红. 数字经济、人才数字素养与制造业结构升级的互动关系——基于省级面板数据的 PVAR 分析 ［J］. 科技进步与对策, 2022（7）: 1 – 10.

［29］蔡璐. 营商环境、空间溢出与经济质量 ［J］. 统计与决策, 2020, 36（21）: 106 – 109.

［30］Anglès V. Doing business in China: Challenges and opportunities ［J］. Global Business and Organizational Excellence, 2019, 38（2）: 54 – 63.

Measurement and Evaluation of China's Digital Businessenvironment: Regional Differences and Dynamic Evolution

Cai Lu   Li Chunping

Abstract: The vigorous development of the digital economy needs a supporting digital business environment as a guarantee. This paper selects 5 dimensions: digital infrastructure, digital market environment, digital government services, digital rule of law, and digital innovation environment to assemble a digital business environment evaluation system in China. This paper combined the improved entropy method and kernel density analysis to measure the level of the digital business environment in 30 provincesin China, from 2011 to 2020. The results show that: the level of the digital business environment in China is improving but at a low level. Digital infrastructure contributes the most and digital rule of regulation contributes the least. The eastern, central and western regions are in a stepped development, and the gap between regions is widening. Therefore, we need to actively promote the work of digital business environment evaluation and compare it with international standards. We will maintain the development advantages of leading regions such as the eastern region and give more policy incentives to the central and western regions. We will shape a spatial pattern of "leading the weak with the strong" and "leading the area with the points".

Keywords: digital business environment   measure evaluation   entropy method   kernel density   digital economy